民國文化與文學^{研究文叢}

四編　南京大學特輯

李怡　沈衛威　主編

第 5 冊

《京報副刊》研究（下）

陳　捷　著

國家圖書館出版品預行編目資料

《京報副刊》研究（下）／陳捷 著 -- 初版 -- 新北市：花木蘭
文化出版社，2014〔民 103〕
目 2+156 面；19×26 公分
（民國文化與文學研究文叢 四編：第 5 冊）
ISBN 978-986-322-799-1（精裝）
1.報紙副刊 2.文藝評論
541.26208   103012900

特邀編委（以姓氏筆畫為序）：

丁　帆	王德威	宋如珊
岩佐昌暲	奚　密	張中良
張堂錡	張福貴	須文蔚
馮　鐵	劉秀美	

民國文化與文學研究文叢
四 編 第 五 冊   ISBN：978-986-322-799-1

《京報副刊》研究（下）

作　　者　陳 捷
主　　編　李怡 沈衛威
企　　劃　四川大學現代中國文化與文學研究中心
　　　　　北京師範大學民國歷史文化與文學研究中心
總 編 輯　杜潔祥
印　　刷　普羅文化出版廣告事業
出　　版　花木蘭文化出版社
發 行 人　高小娟
聯絡地址　235 新北市中和區中安街七二號十三樓
　　　　　電話：02-2923-1455／傳眞：02-2923-1452
網　　址　http://www.huamulan.tw 信箱 hml 810518@gmail.com
初　　版　2014 年 9 月
定　　價　四編 12 冊（精裝）新台幣 20,000 元

《京報副刊》研究（下）

陳　捷　著

第三章 《京報副刊》的文學表現

　　二十世紀二十年代是一個文學的時代，五四新文化運動在陷入了短暫的低潮之後終於在二十年代中期再次形成了風雲激蕩的局面，一大批的新興作家、社團流派如雨後春筍一般出現在文藝園地之中，各種各樣的文藝副刊給他們的文學活動提供了良好的文化生態環境和活動舞臺，陳平原曾經表示，「可以毫不誇張的說，這是一個以刊物為中心的文學時代」。〔註 1〕一方面，作家文人的文學活動在活躍文藝副刊的文化生態的同時逐漸形成了文藝副刊的文學品格，另一方面，文藝副刊也直接的刺激並影響了他們的文學創作活動和文學趣味。這是一個相互促進、相輔相成的關係。所以，考察文藝副刊是怎樣推動了新文學運動的發展就成為擺在每一個副刊研究者面前不容忽視的問題。所以，文藝副刊的文學表現也就是深入研究《京報副刊》的一個重要方面。

　　文藝副刊在推進新文學運動方面的作用以前一直被低估了。在五四之後、北伐之前，副刊在文學建設方面曾經產生過不可替代的作用。1946 年沈從文在天津為《益世報》編《文學周刊》的時候在《編者言》中曾經大力的褒揚文藝副刊的作用，他說：「在中國報業史上，副刊原有它的光榮時代，即從五四到北伐。北京的『晨副『和『京副』，上海的『覺悟』和『學燈』，當時用一個綜合性方式和讀者對面，實支配了全國知識分子興味和信仰。國際第一流學者羅素、杜威、太戈爾、愛因斯坦的學術講演或思想介紹，國內第一流學者梁啓超、陳獨秀、胡適之、丁文江等等重要論著或爭辯，是由副刊

〔註 1〕陳平原：《中國小說敘事模式的轉變》，上海人民出版社 1988 年版，第 279、280 頁。

來刊載和讀者對面的。南北知名作家如魯迅、冰心、徐志摩、葉紹鈞、沈雁冰、聞一多、朱自清、俞平伯、玄廬、大白……等人的創作，因從副刊登載、轉載，而引起讀者普遍的注意，並刺激了後來者。新作家的出頭露面，自由競爭，更必須由副刊找機會。」〔註2〕由此可見，副刊是當時文學生產機制中很重要的產出端口，不但是知名作家發表作品的重要陣地，而且是新興作家闖入文壇的必經過程。

報紙副刊日刊的文學特徵不同於同人文藝雜誌，它的面目跟同人文藝雜誌相比較更具有雜亂的特徵。這不僅有投稿者階層藝術趣味、文化傾向、學識水準等方面本身就紛繁複雜的原因，而且與報紙日刊的媒體特性也有關係。由於每天都要出版，所以對稿件的藝術水準就很難要求整齊劃一，所以張奚若在徐志摩接手《晨報副刊》後曾經提出了「副刊殃」的說法，也就是說由於副刊日刊作為新型的文藝生產機制在刺激了廣大知識分子積極投身於文藝創作的同時，也由於它本身高密度的生產特性而帶來了創作粗鄙化、隨意化的創作傾向，而這在張奚若、徐志摩等人看來對文藝是極其有害的。他們的觀點當然是有一定道理的。可是我們更應該看到由於副刊對文藝創作的大力支持才形成了濃厚的文藝氛圍和文學生態，我們不僅要關心文學生態中的著名作家的作品，更有必要從文學史的角度來考察這些作品得以產生的文學環境。

新文學作家的作品大多都是首先在報紙、雜誌上發表之後才結集出版的。魯迅的著名小說《阿Q正傳》就是首先在《晨報副刊》上發表並產生重大影響的。同時，報紙副刊也是一個文學大家接受文學生態刺激並作出文學反應、提攜文學新銳的一個重要的渠道。許欽文在回憶自己初入文壇的時候就不無感激的說到：「我在伏園編輯的《晨報副刊》上發表了幾篇雜談、小說以後，伏園告訴我，魯迅先生在問他：『欽文是誰？』伏園告訴他，『就是許小姐的哥哥。』以後就常由伏園帶給我魯迅先生對我作品的意見，多半是指出錯誤和缺點的，對於我的幫助很大。……當時雖然還沒有晤談過，魯迅先生對於我的寫作，已於無形中鼓勵與督促了。」〔註3〕我們尤其要注意到

〔註2〕 沈從文：《沈從文全集》第16卷，北嶽文藝出版社2002年版，第447、448頁。
〔註3〕 許欽文：《魯迅先生二三事：前期弟子憶魯迅》，河北教育出版社2000年7月版，第172頁。

這裡許欽文所提到「雖然還沒有晤談過」，但是卻已經接受了魯迅先生的「鼓勵與督促」這個現象，這就是由於副刊日刊作為一種精神紐帶和文學生態已經把文學場域中的知識分子聯繫在一起了，知名作家不但由此可以指導青年作者的創作，而且身處這個由副刊日刊構成的文學場域中的他們也同時在接受著這個文化場域帶給他們創作上的影響。我們這裡仍然以魯迅和許欽文為例，1923 年許欽文通過孫伏園正是認識了魯迅，成為了磚塔胡同六十一號的常客，「有一次，魯迅先生剛寫好了《幸福的家庭》，他就給我看了這篇小說的原稿。……魯迅先生給我看時還沒有寫上小標題和末了的附記。這篇小說在一九二四年三月的《婦女雜誌》上發表時有了《擬許欽文》的小標題和附記：『我於去年在《晨報副刊》上看到許欽文君的《理想的伴侶》的時候，就忽而想到這一篇的大意，……到昨天，又忽而想起來，又適值沒有別的事，於是就這樣寫下來了。只是到末了，又似乎漸漸地出了軌，因為過於沉悶些。我覺得他的作品的收束，大抵是不至於如此沉悶的。但就大體而言，也仍然不能說不是『擬』。」〔註4〕許欽文這裡所提到的這件往事很好的說明了即使是像魯迅一樣的文學大家仍然會受到由副刊日刊所構築的文學生態的影響，進而「忽而想起」並影響到自己的創作中去，副刊對當時文學創作的影響之大是顯而易見的。同時，魯迅在《晨報副刊》發表《幸福的家庭 —— 擬許欽文》這篇小說，對許欽文這個當時在文壇還名不見經傳的青年作家來說無疑是一個最好的推介活動，當時北京副刊日刊的讀者群體相當大一部分都是青年學生，所以一個作家受關注度的程度往往可以從他在青年學生中的影響看出來。許欽文這樣回憶到由於魯迅的推介帶給自己的影響：「登載著《幸福的家庭》的《婦女雜誌》寄到北京以後，到了魯迅先生講《中國小說史》的時間，我照例趕到沙灘去聽，……教室裏唧唧咕咕的談話聲很多，和平常有點不同，我進教室以前遠遠就聽到嗡嗡的聲音。我找到一個凳子角坐下以後才聽清楚，正在議論『許欽文』，有的說是年紀大概很大了，臉上留著八字鬍子。有的說是大概也是從日本留學回來的。……我有點窘，不知道怎樣才好。」〔註5〕這個正是初次登上文壇的文學青年獲得魯迅提攜的真實寫照。

〔註 4〕　許欽文：《魯迅先生二三事：前期弟子憶魯迅》，河北教育出版社 2000 年 7 月版，第 172 頁。
〔註 5〕　許欽文：《魯迅先生二三事：前期弟子憶魯迅》，河北教育出版社 2000 年 7 月版，第 173 頁。

青年作家在由報紙副刊和雜誌所構成的文學場域中受到像魯迅這樣的文學大家的提攜不僅可以極大地提高他們的文壇知名度，而且為他們日後的文學活動提供了信心和資本。可以毫不誇張的說，副刊日刊是當時文學生產機制中極其重要並具有導向性作用的一部分。

而從文化研究的角度來看，報紙副刊作為一種新的文化生產方式，隨著新式知識分子對話語權的要求、稿費制度地逐漸完善以及報刊媒介在市場化運作下技術上和規模效益上的不斷髮展與成熟，必然對新文學的發展產生積極的推動作用。現代一切文學樣式的發生與發展，都幾乎要依賴於大眾媒介的提倡與引導。借助於類似《晨報》、《京報》等具有一定規模影響力、品牌效應的媒體滲透渠道，副刊不斷的將發展新文學提倡什麼、反對什麼之類的文藝觀念灌輸給廣大的讀者，尤其是青年，並藉此來形成理想中的讀者群體同時得到他們的積極反饋，由此形成作家、媒體和讀者三者之間良好的互動關係。錢理群也曾經提出可以考慮將文學市場、現代傳播媒介（報紙副刊，出版物）與作者、讀者三者互動關係作為一條基本線索來描述現代散文發展史。我們要看出由於媒體的差異性所導致對文學影響的特異性，比如在新聞類的報紙副刊所構築的文化場域內，現代雜文、小品文的成熟在某種程度上就是由於新聞與文學的相融相通、文體互滲導致的結果。除了副刊的雜文、隨筆之外，很多其他的時論、政論，編者按等，都具有了一定的「文學風格」，夏康農在《論小品文》一文中曾說，小品文是「報章文學與純文學中間的匯合」的產物，周氏兄弟同期創作的很多短小犀利的雜文就是很好的例子。著名小品文作家梁遇春在《〈小品文〉序》中曾說：「有了《晨報副刊》，有了《語絲》，才有周作人先生的小品文字，魯迅先生的雜感」。

《京報副刊》之所以長期以來沒有受到學界足夠的重視，原因是多方面的。尤其是與它更多的重視社會政治、缺少足夠多的文學經典文本有關係，但是我們仍然不能忽視《京報副刊》在文學場域內對新文學運動的助力。我們對《京報副刊》關注的重心是它在文學創作、文藝批評的內容風格和審美傾向以及它在構建文學史敘述整體框架完整性等方面的表現。

孫伏園在《理想中的日報附張》中強調「文藝與人生是無論如何不能脫離的，我們決不能夠在人生面前天天登載些否定人生的文藝」。〔註6〕《京報

〔註6〕 孫伏園：《理想中的日報附張》，《京報副刊》1924年12月5日，第2版。

副刊》繼承了五四的啓蒙至上的文藝原則，它在文學方面的努力可以按照文體大體可分爲小說、文藝散文、詩歌、戲劇等四類，這些文學作品大多比較嚴肅，現實針對性很強，注重於小資產階級青年學生、都市小資產階級知識分子、以及農村民眾在軍閥政治、封建桎梏下灰暗的人生狀況、思想狀態、心理面貌的描寫。在短篇小說方面，前期很多作品從不同側面寫出「五四」落潮之後一部分青年的精神苦悶，注重於對黑暗的「人吃人」的社會現實的揭露，諷刺醜惡的人情世態；也有以故鄉或兒時生活回憶爲題材的鄉土小說，表現受傳統的禮教習俗、道德規範壓榨下的社會底層人民、尤其是農民的悲慘遭遇。在作品藝術表現手法上則一般採取直抒感興，缺少對人物性格深層次的描寫，對人物的心理描寫不夠重視，藝術結構簡單幼稚。在後期，隨著社會現實的惡性轉變，有一些作品表現出比較鮮明的反抗精神，呼籲民眾起來對抗黑暗的軍閥統治，甚至有的小說號召農民暴動來推翻地主階級的壓迫與剝削。在人物表現、心理刻畫、結構安排等藝術表現方面並沒有什麼新的手法和技巧，思想意義明顯的超過了藝術價值。在文藝散文以及詩歌方面，由於受到時代思潮和情緒特徵的影響，大多抒發一己的所觀所感所思，大多充滿了感時傷世的時代情緒和作風，情懷感傷，格調消沉，也有一些充滿了健康清新的氣息，但總體上藝術品位和價值並不是很高。文藝散文的作者主要有以下一些：曙天女士、陳學昭、孫福熙、魏建功、伍誠周、金滿城、向培良、墨卿、俞宗傑、空了、松煙等人；而詩歌方面的主要作者有：金滿城、汪震、昕初、王蓮友、天心、琴心、朱湘、高長虹、聞一多、杜若、王森然等人。劇本大多是諷刺黑暗社會下虛僞的人情世故，揭露知識界腐朽風氣，情節構思比較簡單，戲劇語言缺乏必要的動作性和表現力。及時的、有藝術思想交鋒的文藝評論無疑對新文學的發展有很大的促進作用，比如圍繞對外國小說的翻譯問題、余上沅的戲劇《白鴿》、楊振聲的中篇小說《玉君》、丁西林的話劇《一隻馬蜂》等，都發表過各種不同意見的討論文章。《京報副刊》還用相當的篇幅刊登外國文學作品譯作或介紹外國文學思潮的文章，涉及面較廣，從古典主義到新浪漫主義，從歐美日到蘇俄，許多國家各種流派風格的作品都有，但沒有明確的選擇和重點。限於文本價值以及論文篇幅的原因，在這裡我主要把精力投入到對《京報副刊》中小說和戲劇方面的研究。

第一節 《京報副刊》小說研究

　　《京報副刊》在孫伏園編輯思想的指導下，在魯迅等人的大力幫助下，積極的投身到文學活動的建設中來。在小說方面，由於五四後圍繞副刊而產生的作者群和讀者群有相當大一部分是青年學生，所以關注青年的感情婚姻、學生校園生活以及婦女問題是這個時代不變主題，而且，受到五四「人的文學」以及文學研究會「爲人生而藝術」觀念的影響，有相當大一批作家自覺的把視野轉向了對農村社會（尤其是自己故鄉農村、農民生存實態、精神狀況）的關注中去，他們希望藉此在「揭出病苦、引起療救的注意」並引起社會改造的同時，經由對國民性的批判，可以改造並重塑國民性，進而在文學上高揚一種強調個人的尊嚴、個性、自由的「人的文學」，也就是周作人所說的「從個人做起」的「個人主義的人間本位主義」的文學觀。《京報副刊》的小說作品在接續了歷史主題的同時，它的小說作者們也積極的順應時代發展，及時的轉變自身的創作視野和關注點。二十世紀二十年代在北伐戰爭開始以前，正是一個學生運動、農民運動風起雲湧的歷史階段，所以，關於這些社會政治的主題在《京報副刊》的小說部分也有很鮮明的體現，「鄉土文學」在這個階段也有了順應時代情勢的相應轉變，這個是我們在考察《京報副刊》時非常值得注意的一部分。

　　《京報副刊》上的小說作家主要有以下一些：許欽文、向培良、廖仲潛、高長虹、黎錦明、滄波、徐丹歌、曲廣均、綠藻、墨卿、金滿城、小酩等人。下面我們來看看《京報副刊》上小說部分的主要關注點。

一、青年題材小說

　　青年問題，尤其是描寫青年人婚姻、求學等方面的主題是《京報副刊》小說內容上一個很重要的方面。五四新文化運動以後隨著「人的覺醒」的文學觀念的逐步確立，對灰色且乏味的校園生活、荒唐而墮落的青年學生的描寫一直是處於理想與現實的劇烈衝突下的作家們所注重表現的。向培良的《掛號信的運命》描寫了一個不安心求學、日日盼望家中寄錢來供自己揮霍的青年學生的灰色生活，文章中並沒有進行太多的心理描寫，但是卻用白描的手法通過細節來刻畫出一個墮落青年的靈魂。在沒有錢的時候這個青年幾個星期都不去上課，「或者躺在床上，仰望著銀元大的耗子孔，或者呆呆的看著美

人，直到美人也笑了。」（註7）通過主人公與同學的對話以及收到家中匯款之後大肆揮霍的細節描寫，作者把一個整天渴望享樂、迷戀惡俗藝術趣味、不學無術的青年形象淋漓盡致的刻畫了出來。仙舟的《竟辜負了這一套洋服！》描寫了一個青年學生 S 因為外表邋遢而受到異性的嘲笑後從此極端注重儀表，由於沒有錢來裝扮自己不得不借了一套洋裝去接近女生，作者通過描述 S 遭遇了異性的冷遇之後感歎「竟辜負了這一套洋服！」來對當時流行在青年學生中只注重儀表、不努力求學的現象進行了辛辣的諷刺。黎錦明的《一場試驗》則是在描寫一群學生在考試前的群像的同時，通過第三人稱「他」的視角來表現當時學校考試制度的混亂，並且通過對「他」在考試中這個特定環境中的心理描寫來刻畫出了一個在學校中得過且過、弔兒郎當的學生典型，最後「他」因為考試作弊而被檢舉出來，但是別的學生「有公然抄書而沒有察覺的，還有被察覺而故不聲明的」，作者寥寥幾筆就把當時教育狀況的無序和混亂表現的十分透徹。

　　在對青年學生「哀其不幸、怒其不爭」的同時，也有相當一部分作者的筆觸飽蘸著同情伸向了青年學生遠離故鄉、深入社會後所遭遇到的世事百相、人情冷暖。焦菊隱的小說《會見》講述了一個窮困的學生在走投無路的時候，不得不向同在北京的遠親借錢的故事。作者通過細緻入微的心理描寫，將一個因為貧困而淪為社會零餘者的青年人是如何在經濟壓力下被迫向社會富裕階層低三下四、委曲求全的場景生動的刻畫了出來，作者利用借錢這個情節線索來貫穿全篇，通過主人公借錢前的無奈心理、借錢時的忍氣吞聲的形象描繪、借錢後屈辱的感情敘述把青年在經濟壓迫下的人格扭曲以及社會上虛偽的人際關係刻畫的細緻入微。許欽文的小說《叔父》則更是用諷刺的口吻直接揭露了虛假的親情關係、社會環境對一個青年人的傷害，一個名叫伯棠的青年人為了繼續求學而投奔自己的叔父希望得到經濟上的支持，可是在衙門做事的叔父不但不支持他，反而想把伯棠介紹給自己的頂頭上司來作女婿，藉此鞏固自己的職位。由於伯棠堅決反對，他就把伯棠趕出了家門。在走投無路的情況下，伯棠不得不參軍並在軍閥戰爭中屢獲陞遷，五年後伯棠又和他叔父見面了，在伯棠虛偽的與叔父應酬的同時，叔父也大講自己當年趕伯棠出門的一片苦心：「孟老夫子說過：天將降大任於斯人也，必先勞

〔註 7〕向培良：《掛號信的運命》，《京報副刊》1924 年 12 月 19 日，第 6 版。

其……我深悟此理，所以硬著頭皮……」。〔註8〕文章就是在這樣一種頗有喜劇色彩的場景中閉幕了，這篇小說生動的揭穿了披著脈脈溫情外衣的人際關係的假面，闡明了一個青年人即使掙扎著可以逃出舊式家庭的罪惡和虛偽，也無法擺脫被社會的大染缸所吞噬的必然運命，作者對伯棠作爲受害者的遭遇是深表同情的，但是，通過伯棠後來與叔父見面時候虛偽的言論，作者一針見血的指出了身爲社會、家庭犧牲品的伯棠也在社會的染缸中遺傳了虛偽、狡詐的國民性，許欽文這篇小說的深刻之處就在於它指出了社會的受害者得勢後想到的並不是如何改造這種社會關係，反而繼承了當年吞噬自己的惡勢力的習性。從某種方面講，這也是對魯迅在《狂人日記》中對「被吃者也是吃人者」這個深刻命題的一種歷史延續。

青年的婚姻問題、家庭問題是《京報副刊》小說中很重要的一個關注點所在。在關於婚姻家庭問題的小說中，有兩個方面是值得我們注意的，一個是包辦婚姻的問題，還有婦女與家庭關係問題。

在有關包辦婚姻主題上，《京報副刊》上的作家已經表現出了與五四時代作家的不同之處。五四時期以羅家倫的《是愛情還是苦痛》爲代表，是全力抨擊以家庭父權殘害青年婚姻自主、扼殺人性的包辦婚姻之罪惡的。五四時代是一個破舊立新的時代，所以才會有羅家倫《是愛情還是苦痛》中對自由結合的熱烈向往。可是如果「新」本身存在著內部脫序的狀態，那麼矛盾遲早會暴露出來。在二十年代中期婚姻自主的觀念已經注入到青年人思想之後，由自由戀愛相結合的婚姻關係也面臨著新的挑戰，那就是如果男女雙方只是在婚姻結合方面是自由的，在家庭內部關係上仍然是傳統思想觀念作祟的話，一旦男女雙方面臨家庭問題的時候，雙方或一方就會對包辦婚姻產生一定的幻想並進而否定自由結合的婚姻。許欽文的小說《「原來就是你！」》就是一個十分典型的文本，小說中男主人公高益三在喝茶的時候偶然看到朋友志忠的姐姐，「覺得她的身材不長不矮的剛好，肥瘦也很適度，露在髮簪下紅潤而且鮮明的皮膚實在可愛」便由此愛上了她，並且再三託人去提親。這個女子卻認爲「婚姻的事須由交際中形成，自己作主，不能由父母代訂」。益三由此更加認爲這個新式女子是值得自己愛戴的。後來益三去教書的時候，認識了自己現在的妻子，他們自由相戀而結婚。可是婚後不久益三就對自己的妻子產生了諸如「不要像煞有介事的太有趣，我原是把爛番薯當作何首烏

〔註8〕許欽文：《叔父》，《京報副刊》1925年5月24日，第6版。

玩的呀！」的想法。而他的妻子在經濟上也完全依賴他，所以雙方家庭生活中爭吵不斷。在一次爭吵中他的妻子不經意的說：「照現在看來，從前我實在是在做夢，以為婚姻必須自己作主，好像只要自己作主一定是美滿的了。唉，如果嫁了那個姓高的，難道還會比現在更壞。唉，我實在是辜負他的熱情，他即經再三的要媒人來懇求，又屢次另行託人來說好，而且爸爸媽媽也都已對了他，只是我獨唱高調，我說什麼婚姻須由交際中形成，自己作主，不能由父母代訂，毫不知道變通。現在，好！」〔註9〕經過雙方一番言論才發現原來他現在的妻子就是志忠的姐姐，雙方不約而同的說到：「原來就是你！」。這個小說是頗有幾分喜劇色彩的，同時也是十分有象徵意味的。雙方都是以戀愛自由、婚姻自由為準則才結合在一起的，但是家庭生活中，女方對男方在經濟上依賴的同時男方把女方當作「玩物」對待的思想仍然是傳統觀念在作祟。因此，如果在家庭觀念、思維模式等方面仍然是傳統封建思想占統治地位、僅僅是在婚戀結合方面的自由並不能保證婚姻生活的幸福，這就是這篇小說意味深刻的地方，也是相比五四時期僅僅要求婚姻自主的一種思想進步。這篇小說的意味就在於，作者通過幻畫出一個潛在的包辦婚姻的同時，讓現實中自由戀愛的婚姻最後與幻畫出的婚姻合二為一，「原來就是你！」這句話深刻的表示出了兩種婚姻模式的殊途同歸，從這篇小說中作者深刻的揭示出那種表面是新而內裏仍然是舊的婚姻模式的虛假性，這樣的戀愛自由導致的婚姻實在也比包辦婚姻好不到什麼地方去。這篇小說指出來，包辦婚姻在形式上是由父母所包辦，而事實上則是由一整套頑固的封建思想所包辦的。封建思想不打破，任憑表面上的革新是沒有任何作用的。益三與他妻子的婚姻不就是這樣嗎？他們雖然逃避了父母的包辦，卻最終逃不過頭腦中封建思想的「包辦」。許欽文的這個小說就把羅家倫在《是愛情還是苦痛》中的思想命題發展到了新的階段。

　　同時，即便是包辦婚姻，我覺得在當時的歷史時期內也要分別對待，不能一概抨擊。對那些從鄉土中走出來進入到城市的讀書人來說，包辦婚姻在自由戀愛的社會氛圍內自然是值得大力批駁的。可是對那些農村的青年人來說，身處封建禮教森嚴的社會現實下，根本被剝奪了同異性接觸的機會和權利，如果在不改造社會現實、不改造人（也包括受到封建禮教嚴重毒害的青年人本身）的思維心態的前提下對他們空嚷「婚姻自由」我覺得是根本行不

〔註9〕　許欽文：《「原來就是你！」》，《京報副刊》，1925 年 1 月 31 日，第 5 版。

通的，是變相的剝奪了他們愛情、婚姻的權利，因爲對他們來說，包辦婚姻可能是、也極有可能是唯一通向愛情的道路。在青年男女有了極大的人身自由和接觸機會的今天，批駁包辦婚姻是必然的，我們覺得那樣的做法是泯滅人性的。可是我們不能把當下的理性帶入到需要「同情的理解」的歷史情境中去。對那些離開農村、來到城市的青年人來說，正是因爲他們有了部分的「自由」所以才有了「戀愛」的要求，試想當時那些在農村的青年人，連「自由」都沒有，哪裏來的「戀愛」呢？我們在承認文學家對「包辦婚姻」罪惡的描述中確實有相當的一部分是眞實世情寫照的同時，我們也要看到其中也有一部分是文學家人爲建構起來的，把它當作封建社會扼殺人性的一種象徵物來刻畫的，甚至有的作家只是「借他人之酒杯，澆自己之塊壘」罷了。所以，我們的問題就是，「包辦婚姻」（尤其是在農村）眞的那麼萬惡不赦嗎？我認爲不應該那麼絕對，我們故且不談「包辦婚姻」是不是絕對的不幸福（按照常理，幸福的人，尤其是幸福的農人更是不會開口讚美自己婚姻的，我們在文學史上更不會看到他們的文學表現。而有些新文學作家，比如葉聖陶則對自己的包辦婚姻一直抱著贊許的態度），要知道，自由戀愛本身就是中國社會發展、文明進步的一個相當重要的標誌，城市中得風氣之先，有自由才有了自由戀愛。而在農村當時的歷史條件下，歷史的慣性仍然在很大程度上左右著人們的思想和行爲。在男女接觸機會極少的情況下，包辦婚姻往往提供了雙方愛慕的一個渠道，雖然不是自由戀愛的，但是誰又能肯定說就不幸福呢。我們不能把我們今天的「幸福」觀念強加在當時社會轉型期人們的頭腦裏，如果我們這樣做了，難道不是另外一種「啓蒙暴力」嗎？當然，我們絕對不是說包辦婚姻是好的，而是想在「同情的理解」的基礎上表達社會轉型期內婚姻形式的社會豐富性和歷史多樣性。

從五四開始很長的一段時間內，有關包辦婚姻不幸福的文學敘述都是建立在「城鄉對立」模式的基礎上，也就是說，都是一個男子進城上學後反抗農村父母對自己婚姻的包辦，而那些包辦的女子對他們來說彷彿都是一生的負累。我們當然要指出這是覺醒了的人對婚姻的正當要求，但是，我們也不得不指出，也會有現代「陳世美」會借助於「自由戀愛」的幌子拋棄當年恩愛的髮妻。同時，這樣的「城鄉對立」借助於簡單的地域文化差異抹煞了歷史語境中婚戀問題的複雜性，從許欽文的小說《「原來就是你！」》中我們可以看出，絕對不是高嚷幾句「自由戀愛」就會解決青年情感問題的，如果啓

蒙思想不系統的影響並改造青年人的思想觀念，那麼單一的婚姻自由的要求往往會造成「思想脫序」的狀態，也就是說結婚是自由了，可是家庭生活還是籠罩在傳統思想「故鬼重來」的陰影之下。

因此，我們有必要來對包辦婚姻，尤其是農村的包辦婚姻進行重新認識，《京報副刊》上俞聞樵的小說《往事》就給我們提供了一個很好的標本。這篇小說採用了第一人稱的敘述角度，講述了「我」要上中學以前在農村的一段情感經歷，「我」的大姐的朋友士俊姐經常到「我」家來玩，她出於女生的矜持很少理「我」，「我」也嫌她「太驕傲了，少有禮節」，可是「後來我得到消息，我家內將要替我訂婚了；我對方的主人是誰呢？就是日前常來的大姐的朋友士俊姐。」如果要是一個啟蒙作家寫到這裡的時候，一定會寫自己怎麼反抗家庭的包辦婚姻以及自己的不幸，可是作者卻沒有這樣處理情節，他充分寫出了一個農村青年人思想的複雜性，「我」是這樣想的：「我素來是主張晚婚的。由我的見聞所得：凡人訂婚以後，總是要有若干苦惱的。所以我平日正立意於求學一途，不願發生外務，徒來亂我心思。但是現在突然有這樣的消息來了，那麼，在我必定是要堅決抗拒的了。可是當時事實上卻又並不是如此，——平日堅定的主張，已即時沉澱了，而是更滿心希望著事情早早地成就。這是什麼緣故呢？連我自己也是莫名其妙的。後來竟能如我所望了，當時認為這是我生來最滿意的一件事。」〔註10〕後來兩人果然如願以償，結為伴侶了。作者用了很大的篇幅來描寫「我」離家上學後兩人的相思之苦，尤其是嘗到愛情甜蜜的士俊姐對「我」因為懷念而落落寡歡以至於染病的細節描寫也十分動人，最終「我」接到了士俊姐去逝的消息而暈倒了。作者就是讓情竇初開的「我」和士俊姐通過包辦婚姻而結合，並由此揭示出婚姻結合的形式並不重要，真正重要的是感情的實質。對包辦婚姻主題這樣的情節處理在啟蒙者齊聲控訴包辦婚姻的罪惡的「合唱」中顯得特別另類，我們能說這樣由包辦婚姻而產生感情的婚姻是不道德的嗎？我們能說這不是真正的愛情嗎？如果我們能對當時農村的青年人多一點同情的理解，那麼或許會對包辦婚姻也有區別對待、具體分析的必要了。同樣的，許欽文的小說《幻戀》描寫了一對受過現代教育的青年農村男女的包辦婚姻的故事，男主人公亨齋託人去梁家提婚，而梁家也準備把梁家三小姐許配給亨齋，他們所受到的新式教育只不過在雙方衡量的天平上放下了等量的砝碼而已，後來由於亨齋家

〔註10〕俞聞樵：《往事》，《京報副刊》，1924 年 12 月 18 日，第 4 版。

庭的敗落，這樁包辦婚姻也落空了，可是亨齋卻始終懷想著那個從未謀面卻在自己心中栩栩如生、穿著學生裝的女生的影像。許欽文的這篇小說本來是要批判以人錢交換為實質的包辦婚姻的虛假性的，可是，他的小說中對男主人公對女方的懷想卻是具有了男女感情的意味的，亨齋的感情無疑是純潔的、善良的。許欽文或許也沒有想到，他的小說已經具有了溢出他意旨的傾向，農村青年人對異性的向往和熱戀本身並沒有什麼值得非議的地方，從某種程度上來說，包辦婚姻給他們提供了戀愛的可能和渠道。

婦女與家庭關係方面的小說也是《京報副刊》中關於青年婚戀的一個重要方面，當時中國青年的家庭、婚姻問題在本質上其實就是婦女解放問題。向培良的小說《依違》講述了一個受到家庭束縛的新式女子的苦惱與覺醒，向培良在小說題目下還有一段附言：「獻給那些偉大犧牲者的婦女們，伊們消磨了青春同快樂在夫與子的家庭的瑣屑事故中。」〔註11〕作品的女主人公芸芝本來是一個進步而活躍的新式女子，但是瑣屑的家庭生活把她慢慢的打磨成了一個標準的家庭主婦，她的先生叔均是一個鑽營職務的公務人員但是她對此卻一無所知，終於，她以前幾個女同學對她的拜訪重新燃起了她要重新生活的渴望，與此同時，她也終於認清了她丈夫的虛偽醜惡、把妻子當作附屬品的真實面目。於是她在慘淡現實中忽然覺得：「青年時代的志趣同毅力，突然在伊胸中燃燒起來了。伊覺得叔均那麼卑劣同使氣，已經不能再同居下去。伊又想到伊自己也是一個人，也在學校裏讀過書，並不是毫無能力，非靠丈夫吃飯不可的，為什麼要受他的侮辱呢？但是伊一想到幾年來家庭的生活，兩重笨軛，把伊的精力都消耗盡了。自己的能力全部退化，幾乎變為家庭的寄生物，不知道能否自立，又躊躇不決。」〔註12〕但是最終她仍然決定了，她要跟同學去辦學校「教育人並且教育自己」。她在給自己丈夫的訣別信中說：「去了，我要自己開展我的生活去了。這是我的義務，也是我的權利，我不願意無論什麼人代我負責！」〔註13〕她的態度是很堅決的，可是當她踏出家門口的同時，自己的兒子卻哭著叫媽媽，「一聽到這裡，由一種看不見的力立刻抓著伊。使伊立定了。」想要走出家門的覺醒女子，她可以捨棄婚姻和家庭，勇敢的投入到改造社會、改造自我的征程中去，可是她卻難以割捨

〔註11〕 向培良：《依違》，《京報副刊》，1925 年 4 月 8 日，第 3 版。
〔註12〕 向培良：《依違》，《京報副刊》，1925 年 4 月 10 日，第 5 版。
〔註13〕 同上。

親情和母子之愛。作者最後感歎道：「上帝呵，這力如今繞住了芸芝了，伊到底能否自脫呢？」〔註14〕作者就是把芸芝放在理性與情感的煎熬之中來指出婦女解放的困難所在。向培良的這篇小說中塑造的女主人公形象不禁讓我們想到了易卜生筆下的娜拉，都是強烈的自我主體意識的覺醒，都是呼喊出「我是我自己的」時代強音，但是向培良卻通過芸芝兒子的哭聲來牽絆住芸芝出走的步伐，這無疑是對中國婦女解放複雜性的一種深刻的認識，對於舊式家庭的恨可以讓她決然出走，可是母愛、親情卻限制著她們自我解放的決心。向培良在這裡活生生的刻畫出了一個徘徊於親情與社會之間的矛盾女性的形象。

袁嘉華的《零落》也是一篇很有悲劇色彩的小說，新式女子淑荃由於新婚之後丈夫就出國留學而獨身一人，在婆家她受到輕視和冷落而無人訴說，她出於寂寞給海外的丈夫寫信謊稱自己得病了，丈夫是回來了，但是卻跟家人一起來埋怨她的幼稚與無理。丈夫走後，她去一個鄉村學校教學，在那裡認識了同樣處於孤獨中的有婦之夫——男教員張先生，兩人同病相憐並最終產生了感情。後來隨著婆家的冷淡和丈夫的漠視，淑荃終於難以忍受下去了，並最終在婆家的軟硬兼施下與丈夫離婚了。可是，她的愛人張先生卻受困於家庭的負累，幾番努力依舊難獲自由身，最後，淑荃實在看不到任何希望了，「一種蒼茫淒切的情緒永遠滲透著她的眼中淋漓的淚滴，她覺得從前砥礪不平的悲懷現在已經化成一片白茫茫的空虛了。」〔註15〕小說就在這樣的悲劇色彩中嘎然而止，如果說向培良小說《依違》中的女主人公是受到了母子親情的困擾而難以走出家門的話，那麼淑荃就是走出了封建冷酷的家庭後卻無所依託的女子形象的典型。冷酷的社會和灰色的生活帶給她的只有創傷和仇恨，在這樣的社會環境和惡劣的心態下，女子解放的任務顯得更為急峻了，但是這同樣也是婦女解放的沉重負擔，眼淚有時候是一種力量，可是太多的眼淚卻讓這些走出家門的婦女變的難以承受現實，於是作者就把批判的矛頭鮮明的指向了社會的罪惡和人世的無情。毫無疑問，改造社會才是婦女解放的根本道路和唯一途徑，這也是《零落》這篇小說思想上的深刻所在。

不難看出，在二十世紀二十年代中期的《京報副刊》上，有關青年題材的小說相對於五四時期已經產生了很多文學異質性和多樣性。如果我們用一

〔註14〕同上。
〔註15〕袁嘉華：《零落》，《京報副刊》，1925 年 8 月 21 日，第 4 版。

種「同情的理解」的感情基礎去理解這些歷史語境中的異質性，我們會有新的啓發和收穫，也可以幫助我們在更好的認識新文化運動影響下的歷史語境和文化生態的同時，破除以往文學史敘述上的簡單化和「啓蒙暴力」傾向。

二、鄉土題材小說

《京報副刊》有的小說作品繼承了鄉土文學的文學創作思想，而且在新的時代情勢下把鄉土文學發展到了一個新的高度。陳平原在談到鄉土文學的促發因素的時候曾經提到了四個方面：爲人生的藝術主張，新派作家的階級構成，西洋文學的大量譯介和魯迅小說的示範作用。在《〈新文學大系〉·小說二集序》中魯迅給鄉土文學的定義是：「凡在北京用筆寫出他的胸臆來的人們，無論他自稱爲主觀或客觀，其實往往是鄉土文學。」〔註16〕在二十世紀二十年代初的小說思潮中鄉土文學是很重要的一個方面。這些作家遠離自己故土，在感傷沉鬱的情緒格調下描寫自己故鄉的山水風貌、世俗人情，尤其是把筆觸伸向了自己熟悉的農村社會中農民作爲受損害者所遭受的文化壓迫和階級壓迫，用充滿同情的筆調描寫那些在「近乎無事的悲劇」中痛苦顫慄的靈魂，並且對他們在傳統封建思想桎梏下所形成的精神枷鎖和頑固昏亂的精神現狀進行了無情的批判。

《京報副刊》上刊登了大量的鄉土小說作品，這些小說或描寫農民、尤其是婦女階層在封建思想、階級壓迫下的慘苦家庭生活實態，或在描寫農村中殘留的封建習俗的同時揭露出農民的愚昧和奴性，或對那些撥弄或者戕害農民的社會惡勢力階層以及傳統封建思想也不遺餘力的給予猛烈的抨擊。北伐戰爭之前的中國社會正處於社會飛速發展的歷史時期，與此同時，《京報副刊》也及時的刊登了一些與以往的農民形象以及農村社會生活場面截然不同的小說，這些作家敏感的體察到了時代的脈搏，在刻畫出新的、覺醒的農民形象的同時也爲農民的覺醒指出了光明的道路。

鄉土小說有一個很顯著的特色，就是「還鄉者」的敘述模式和敘事視角。那些受過城市進步文化影響的小說敘述者回到了農村家鄉，他們的「回歸」提供了對比傳統農村和現代農村之間變遷的很好敘述模式，在傳統與現代、新與舊之間的強烈對比是通過他們所觀所感來實現的，這也就是用啓蒙思想

〔註16〕魯迅：《中國新文學大系·小說二集導言》，良友圖書公司1935年7月版，第9頁。

和現代文化的觀念對傳統鄉土進行再認識的一個重要方面。在《京報副刊》中的鄉土小說作品中，很大一部分都是通過一個還鄉者——也就是「我」——的敘述視角來觀察傳統中國農村以及生活在這片土地上農民的灰色生活和悲慘遭遇，在敘說他們純樸、善良的同時，也對他們在黑暗壓迫下形成的變態性格進行了無情地揭示。寶賢的小說《油漆匠》，採用的就是第一人稱還鄉者「我」的敘述角度，小說一開始就交代了作為一個受過現代教育的還鄉者回到故鄉的那種今昔對照的落寞之感，油漆匠培生的來訪時的場景頗有幾分同魯迅小說中潤土喊「老爺」相像，原來也是童年小夥伴的培生「用驚疑而卑下的聲調稱我為大店王的時候，我母親微笑說了：「你不認識他了，是，你也該不認識了。然你和他幼小是朋友，怎麼這樣稱呼呢；他現在還不到時候，我們還須等著！」〔註 17〕培生這一代人還是深受封建思想毒害的一代人，但是我們也發現了他們思想也在新的時代形勢下有了轉變。在「我」跟隨他到他家做客的時候，培生指著自己的孩子對「我」說：「這孩子還聰敏，我不喜歡他捏彩色刷子，我想要他像大店王那樣……。」〔註 18〕培生的職業是從自己父親上繼承下來的，而他終於覺悟到沒有文化知識才是自己處於社會底層灰色生活的根源，所以他已經從他父親時代的「子承父業」的思想傳統中走了出來，培生的話讓「我」也彷彿看到了孩子的未來，同時，這也是農村的未來。

　　湯鍾瑤的小說《芳春》講述了農民芳春由一個「以盜養吸」的鴉片鬼轉變成了一個自食其力、受人尊敬的農民的故事，芳春是一個別人根本不知道他姓什麼的農民，他也不同於阿 Q 被人剝奪了姓趙的權利，他是一個別人根本不在乎、對自己也無所謂的農人。「芳春姓什麼？東村的人們只知道它叫芳春，大約百家姓上也沒有姓芳的罷。大約它的尊姓被它的大名所掩了。」〔註 19〕就是這樣的一個可有可無的農人，在惡劣的社會環境下沾染上了抽食鴉片、小偷小摸的惡習，他在身為一個受損害者的同時也在損害著這個社會，這樣的人物形象也是二十年代初鄉土小說的典型形象，可是作者並沒有止步與此，芳春失蹤了兩年多後突然又出現在鄉人的面前，這時他已經是一個強健的、自食其力的勞動者了。所以「我」離開故鄉後雖然很長時間了，

〔註 17〕寶賢：《油漆匠》，《京報副刊》，1924 年 12 月 21 日，第 6 版。

〔註 18〕同上。

〔註 19〕湯鍾瑤：《芳春》，《京報副刊》，1925 年 2 月 3 日，第 4 版。

但是仍然會想到故鄉的美好、農村的快樂以及芳春令人欣喜的轉變。作者在這裡把農村人的善良和純樸的本質進行了由衷的讚美，深信在農人擺脫傳統的束縛和壓迫後會獲得自身的解放和幸福。作者並沒有說芳春是怎麼轉變的，這樣也多少讓情節顯得有些突兀，減弱了小說文本的藝術力量。

農村婦女問題也是鄉土小說作家極其關注的一個方面，而且由於農村婦女問題其實是一個綜合的社會問題，往往糾纏著農村宗族、封建禮教、階級壓迫、父權、夫權、戰爭等等社會問題，所以農村婦女的命運也是最慘苦的，她們的解放道路也是最艱難的。許欽文的小說《青仙》用四個片段描寫了一個農村女孩悲慘的一生。從童年的可憐、少年的可愛、青年的勢利、中年的落魄這樣四個畫面中窮盡了一個女人悲慘的一生。黎錦明的《梅花壩上》深刻的描繪了農村婦女唐寡婦的悲劇命運，她收留了一個無賴「漢生」並指望靠他來養活家人，可好吃懶做的漢生卻在戰爭時跑去參軍了，唐寡婦受到了鄰居的輕視，她的兒子也受到夥伴們的侮辱，後來唐寡婦得知漢生發了戰爭財並拋棄了她們母子，她發瘋似的投水自盡卻被救活，無盡痛苦的日子在等待著她。漢生在小說中始終是一個沒有出場的人物，黎錦明卻生動的刻畫出了這樣一個忘恩負義的男人給農村婦女唐寡婦造成的傷害，不光是漢生，還有那些卑鄙的鄉人、無恥的戰爭以及整個社會環境都一步步的把唐寡婦推向了命運的深淵，這已經不是「無事的悲哀」了，黎錦明展示給我們的不只是婦女被損害的悲哀，也是整個社會的罪惡。徐丹歌的小說《贈死》借用了中國傳統筆記小說的敘述模式，用「夜談」也就是講故事的形式敘說著四川農村中女子的不幸遭遇，小說借用了曾經是土匪的僕人之口對流行在四川罪惡的「殺妾」風俗進行了猛烈的抨擊。川邊的女孩子被賣到富戶讓有錢人玩弄過幾年之後，富人就設宴來給她們「贈死」，也就是把她們殺掉。黎錦明通過跌宕起伏的情節和頗有傳奇色彩的敘述手法把這樣一個悲慘的主題用生動但也是沉鬱的口吻緩緩道來。整篇小說在描寫地域風俗的同時，也對窮人的無奈、富人的慘忍和人世的無常進行了充分的描寫刻畫。

《京報副刊》的小說部分不僅注重於對人物性格的刻畫，在揭示那些或痛苦、軟弱、卑劣，或純樸、善良的農人精神面貌的同時，也有一部分小說把筆觸伸向了農村的社會風貌的描寫領域中。通過對極具地方色彩的民風民俗社會的描寫，讓人們對當時的農村社會的現狀有了進一步的認識。墨卿的小說《花會》描寫了流行在浙江東南沿海一帶農村賭博的醜惡風俗，通過對

好吃懶做的農人運生、慶福等人參與賭博並最終在迷信中失敗的經歷，把農民的貪婪和迷信的精神品格活靈活現的刻畫了出來。同時，也對那些設局賭博的幕後黑手進行了無情的控訴，他們在獲取農人血汗錢的同時，也用那種通過賭博的方式不勞而獲的思想腐蝕著農人的思想和靈魂。《京報副刊》無疑是重視這些農村現實以及它對農村人心靈的影響的，孫伏園在墨卿的小說後專門發表了伏園附按：「花會是一種賭博，曾盛行於浙江黃岩嵊縣，廣東，上海等處，屢被禁止，而在鄉僻地方至今還是流行。……凡花會盛行之處，連社會情況，人生態度，幾乎完全另有一副式樣。我聽嵊縣朋友們的講述以後著實神往，遂逼著他們記載出來。這邢墨卿先生的第一篇是用文藝的方式，令人看了更加有味。餘如馬寅初，糜伯和諸先生，我還要去請教他們，或請他們作文，或請他們供給材料由我代述，使廣行我國東南一角的大規模的賭博有使人知道的機會。還希望廣東黃岩各處的朋友多多賜教。」〔註20〕可見，孫伏園還是從一個啓蒙思想者的角度來大力的號召人們去認識中國社會農村現狀。墨卿的這篇小說就是用文藝的形式來表現出新文學作者對鄉土中國的關注的。地域色彩、批判精神就是這類小說的藝術本質。

　　同時，《京報副刊》的鄉土小說創作與二十年代初相比也有了一些顯著的進步，在那個急劇變化的時代，農民的覺醒已經以不同於以往的形式表現了出來。在寶賢的小說《油漆匠》中培生已經認識到了自己的孩子不能走自己的路而要求讀書的權利了，而一平的小說《土皇帝之威》則更進一步，小說的主人公老成是一個「極貧窮極辛苦」的農民，作爲一個雇傭農的他一輩子信奉的人生哲學就是「子子孫孫，永遠要傭工，佃地，伺候掌櫃，爲人當奴僕」，「所以我向來不敢打別的主意，只知道順著掌櫃的心意，安分守己的下血汗力氣務農，做莊稼，管他爲僕爲奴，爲牛爲馬，吃好吃壞，使死使活；什麼好過不好過！文明不文明！發達不發達！只要眼前有地種，餓不死，就算到天上啦！」〔註21〕老成的思想是深受中國封建階級壓迫和封建文化洗腦後所形成的根深蒂固的奴隸思想。而他的兒子大章則想讓自己的孩子去讀書，而他剛與老成說完之後，老成就呵斥道：「怎麼你會說出家敗人亡的話！……再不要瞎想！……永遠不許你亂生方！……胡鬧！……」。〔註22〕可

〔註20〕孫伏園：《伏園附按》，《京報副刊》，1925 年 1 月 10 日，第 5、6 版。
〔註21〕一平：《土皇帝之威》，《京報副刊》，1925 年 4 月 21 日，第 5 版。
〔註22〕同上。

是大章卻覺悟到如果不讓子女讀書就會永遠淪爲地主的奴僕，「是終究不行的。」所以他還是把子女送到了學校中去。地主富安知道自己佃農的孩子讀書後，大發雷霆：「這還了得！好個不知恩情，不知進退，不知高下……有地種，有飯吃，還不規規矩矩的安分守己，侍奉掌櫃！……好個大膽……胡思亂想，教孩子們念書！！還想坐朝嗎？窮人們要都念書，誰應該下力種地，伺候人呢！」〔註 23〕後來富安終於把老成的地收回了。老成在感歎「還是掌櫃厲害！」的同時昏倒了。在這個小說中，作者通過對老成和大章的對比，鮮明的刻畫出了兩代農民的不同思想趨向，也把地主階級剝奪農民受教育權的卑鄙行徑和醜惡嘴臉刻畫無遺。大章這個人物形象也是以前鄉土小說中不多見的，他無疑是體現著新的農民覺悟的典型，要求文化上、教育上的權利是他們覺醒的第一步，也是他們從根本上脫離奴性思想的束縛、從根本上擺脫受損害、受侮辱地位並形成健康、獨立人格的必由之路。

在產生出新的農民形象的同時，《京報副刊》的小說也有一部分注重於表現第一次國共合作時代在農村發生的翻天覆地的變化，尤其是指出了農民在日益尖銳的階級鬥爭的社會形勢下自身的覺醒，也指出了只有通過對壓迫階級的反抗、尤其是武力鬥爭才是最終獲得解放的必然途徑。有關風起雲湧的農民鬥爭的社會場景描繪第一次出現在鄉土小說中。健希的小說《煙霧慘淡之中》就是描述在階級壓迫下覺醒農民最終走上武裝鬥爭道路的鄉土文學作品。這篇小說的結構也很巧妙，先是從鄉紳王毅爲了搜刮民脂而私自徵收「豬稅」，結果卻觸犯了從事生豬販賣的另一個劣紳胡二爺，由於胡二爺是省長的親戚，所以王毅不但沒有撈到好處，反而由於受到胡二爺的威脅並被這個更狠的角色敲詐了一筆。作者寫到這裡忽然筆鋒一轉，寫一位受到王毅盤剝的老人因爲沒有錢交地租而不得不「押青苗」，把最後一線生存的希望都抵押在地主的口袋中。其他的農民由於受到王毅日益殘酷的盤剝，無力交付稅錢，結果竟然被王毅私自關押起來並受到嚴刑拷打。爲了對付農人自覺的反抗，王毅勾結反動政府，政府派兵到農村來鎮壓所謂的「造反」。官逼民反，平時鬆散的農民在階級鬥爭已經激化的情勢下，「向無組織的群眾，也不得不聯合，以圖生存。……熱血分子，當然舉動激烈了。……事件的情形重大，而群眾的團體也就增大了。各處鳴鑼爲號，聚集了不下十萬人之多……」，〔註 24〕地主、官紳被憤怒的群

〔註 23〕同上。
〔註 24〕健希：《煙霧慘淡之中》，《京報副刊》，1925 年 9 月 29 日，第 7 版。

眾圍困在他們的深宅大院中，由於民團的鎮壓，憤怒的群眾不但殺了地保，而且放火燒掉了地主的房子。小說的末尾頗具象徵意味，「在火起之初，夾著『啪，啪，啪，』的聲音，群眾裏面應聲而倒的五十餘人。夜深了，映照二三十里遠近的紅光，如火焰山一般。」〔註25〕這篇小說一針見血的指出了地主階級的壓迫是農民反抗的直接原因，而地主階級為了轉移自身所受的「損害」而進一步把農民推向了死亡的邊緣，在生與死的選擇中，農民最終覺悟了，他們要以牙還壓、血債血還，「夜」確實是很深了，但是農民武裝反抗的紅光卻要呈燎原之勢，並預示農民最終要獲得屬於自己的黎明。這篇小說並不重在刻畫農民的性格，甚至唯一提到的那個「老人」也沒有交代清楚他的姓名，農民在這篇小說中是作為群像出現的；而小說很細膩的刻畫了地主王毅以及胡三爺之間的爾虞我詐，通過統治階級內部由於利益關係所引起的矛盾、以及他們對矛盾的解決方法深刻的指出了農民是社會階層中最終的受損害者，農民在那種受壓迫的社會結構中必然要被迫走上武裝鬥爭的道路。在小說中，新型農民群像的出現無疑改變了最初鄉土小說中農民形象以及他們無力鬥爭的精神困境，也改變了以往鄉土小說體現出的陰鬱、沉悶、灰色的藝術風格和審美格調。

　　總體而言，《京報副刊》上的小說作品，有很多在藝術上並不是很成熟的，有的作家並沒有很清晰的文體自覺，所以很多作品藝術結構模糊，人物形象不夠豐滿，對人物的心理描寫和形象轉變缺乏更深一步的細緻刻畫，白話語言的運用還不是很熟練自如等等。但是，我們要看到，這些缺點都是中國新文學處於起步階段必然出現的，我們不能苛責太多。同樣的，我們對於那個時代作家、作品的研究分析，也都是要建立在一種「同情的理解」的情感基礎和歷史觀念之上，這樣有助於我們更好的瞭解新文化運動、新文學運動的複雜性以及《京報副刊》等文藝副刊在現代文學發展史上的重要作用。

第二節　《京報副刊》戲劇研究

　　二十世紀二十年代中國文化的歷史進程，儘管充滿了艱難和挫折，但是撥開紛繁複雜的歷史現象的迷雲，我們仍然可以清楚的看到文化現代性轉變的路徑。而中國現代戲劇，在自身的歷史發展過程中也是充分的顯現出現代

〔註25〕同上。

性烙印。本節將由文藝副刊作爲切入點，嘗試在總體上對二十世紀二十年代中國戲劇在發展過程中所體現出的現代性及其複雜性進行考察。

我們知道，《晨報副刊》在中國現代戲劇發展史上作出過重大的貢獻，尤其是在蒲伯英、陳大悲等人的熱烈支持與參與下，《晨報副刊》內部以及與後來的《京報副刊》之間展開的有關戲劇的討論大大的推動了中國現代戲劇的發展。在這些副刊上所發表的劇本本身藝術價值都不是太大，大多帶有發軔之初的幼稚。眞正有價值的是圍繞著戲劇現象、劇本、表演等環節所展開的藝術討論和相互辯駁。而這些相互之間的辯駁也眞正的觸及到了戲劇藝術的實質內涵並影響了中國現代戲劇的發展走向，爲中國現代戲劇的最終成熟助力尤多。

在《京報副刊》上發表的劇本並不多，包括翻譯的 5 部戲劇劇本一共有 19 部戲劇劇本，在 1925 年 5、6、7、9 四個月中連一篇戲劇劇本都沒有發表過。但是，在《京報副刊》與《晨報副刊》共同構築成的文化場域中圍繞著戲劇展開的論辯卻是十分有價值的。通過這些論辯我們可以看出滿印著中國戲劇走向現代化足迹的艱難歷程，所以，戲劇現代性的形成就有必要成爲我們考察這個時期戲劇論辯時很重要的一個方面。本節試圖以《京報副刊》與《晨報副刊》作爲學術視角，由現代性動力學的觀念入手，結合二十世紀二十年代中國戲劇發展歷程分別從現代性的分化特徵和精神價值觀的轉變來考察中國戲劇現代性的表現，並且希望通過啓蒙現代性和審美現代性的雙重視角來挖掘人們對新舊劇認識轉變之表現，闡明了中國戲劇從傳統到現代的根本轉變並指出它的現代內涵和精神特質在文藝副刊上的體現。

一、現代戲劇自律性的獲得

美國哲學家赫勒認爲現代性有兩個重要的因素，即現代性的社會安排和現代性的動力學或運動特徵，正是現代性動力學導致了現代社會安排的出現。他認爲現代性的動力學包括兩個方面，即社會的精神趨向、價值觀念和現代性的社會安排，如社會分工和勞動分工，而這種分工從社會和諧運作的功能主義角度來看都是平等的。而探討現代性的動力學借助於社會學的「分化」（differentiation）概念則有助於我們更好的認識這個問題。在我們談到傳統社會和現代社會的區別的時候，我們會發現分化性是現代性賦予現代社會的最大特點。在社會變遷中各個領域相互區分開來並因此而獲得自律，這是

一種社會體制的分裂，由此而帶來的是分化後的社會系統中的組成部分因此而獲得自身的合法化，同時也帶來了更多的社會異質性。從某種程度上看，現代性就是一個不斷分化的過程。

在文化現代性的分化過程中，戲劇獲得了自身存在並發展的合理性。新文化運動伊始，戲劇多依附於文學，關於戲劇自身獨立的意義並沒有被充分認識到。列身於著名的四大副刊的《京報副刊》和《晨報副刊》，以及先後擔任兩大副刊編輯的孫伏園和接替他擔任《晨報副刊》編輯的徐志摩，都對戲劇給予了極大的關注。

首先是對戲劇劇本與戲劇辯證關係的釐清。針對早期文明戲不重視劇本的缺陷，1922 年被《晨報副刊》編輯孫伏園認為是「中國十二大人物」的陳大悲就指出：「從前『文明新戲』之所以見輕於社會實在是因為把劇本看得太輕了。最初因為找不到編劇的人才，劇本由『成文的』變成『不成文的』。後來出世的『新劇偉人』，『新劇泰斗』或是『新劇巨子』竟不知劇本是什麼東西了。」〔註26〕他親歷親為，在《晨報副刊》上發表了《英雄與美人》、《良心》、《幽蘭女士》、《父親的兒子》、《愛國賊》、《說不出》等劇本。在他積極推動下，有關「愛美」的戲劇創作和研究風行一時。曾預言「1922 年將為中國愛美的戲劇運動開出一個新紀元來」的陳大悲沒有失望，他在 1922 年 3 月 13 日的《晨報副刊》發表了《劇場中鼓掌的問題》一文，指出：「你看從新年到如今，不過兩個月，已有多少次愛美的表現！……在『量』的方面已很過的去了……再說在這初創的時候，『質』的不滿人意是當然的事……。」〔註27〕由此看來，劇本創作匱乏的弊病是消除了，可是劇本的「質」卻差強人意，很大的原因就是幼稚的創作者們沒有能夠充分注意到戲劇之所以為戲劇的原因。針對這種不重視戲劇本身特點的「偏文學」創作傾向，余上沅在《京報副刊》上發表《戲劇的意義與起源》指出：「所謂新劇，不過僅僅產生了幾冊評話式死的劇本，那也配稱作戲劇嗎？」他從根本上反對戲劇臣屬於戲劇劇本，並且進一步指出：「因為戲劇意義，並不是那樣簡單，是由劇本、劇院、人物、音樂、美術的布景、活動的表演種種方面綜合成的。……有了劇本，有了動作，還得有表演的場所，特設的場所，不是圖書館，也不是禮拜堂，就是往『適用』的戲院裏去演，聚集了群眾與會，這便是戲劇的

〔註26〕陳大悲：《四黃昏的〈綠室生活〉》，《晨報副鐫》，1922 年 1 月 9 日，第 2 版。
〔註27〕陳大悲：《劇場中鼓掌的問題》，《晨報副鐫》，1922 年 3 月 13 日，第 3 版。

眞存在。」〔註 28〕由此可見，余上沅極其重視戲劇本身作爲一門舞臺藝術的自律性和藝術的完整性，他主張在形式上樹立自身的藝術特色，堅決反對戲劇淪爲文學的附庸。夕夕在《戲劇的歧途》中提到：「現在先寫劇本，然後演戲。這種戲劇的文學化，大家都認爲是戲劇的進化。從一方面講，這當然是對的，但是從另一方面講，可又錯了。老實說，誰知道戲劇同文學拉攏了，不就是戲劇的退化呢？藝術最高的目的，是要達到『純形』Pure form 的境地，可是文學離這種境地遠著了。你可知到戲劇爲什麼不能達到『純形』的涅槃世界嗎？那都是害在文學的手裏。」〔註 29〕夕夕有關文學與戲劇關係的言論雖然有一定道理，可是多少也有偏頗之處。趙太侔在《國劇》一文中指出：「在許多文學家的眼裏，戲劇只是文學的一種，表寫人生與人格的。而他本身是一種完成的藝術。演做與不演做，或合於演做與不合於演做。都沒有多大關係。這原是從一個特別觀點來觀察戲劇的一部分——劇本——而已。好像將歌劇中的音樂，布景中的繪畫，特令提出來講求一樣。我們如要承認戲劇是種綜合的藝術，（Synthetic Art），便不能同意這種態度。」〔註 30〕徐志摩也認爲戲劇是一種綜合性的藝術，它具有自己特殊的藝術格式和表演模式，他在《劇刊始從》中曾說：「戲是要人做有舞臺演的；戲尤其是集合性的東西，你得配合多數人不同的努力才可以收穫某種期望的效果，……這不僅僅是集合性的藝術，這也是集合性的技術。」〔註 31〕

　　1925 年 12 月 18 日焦菊隱於《京報副刊》中呼籲「加濃戲劇空氣！」並很欣喜的「做廣告式」的宣佈：「現在我們很喜歡有新歸國的余上沅趙太侔聞一多諸君，他們一定可以幫我們不少忙。此次燕大周刊社將在 1926 年 1 月 6、7 日晚演洪深君改譯的『第二夢』，余聞趙三君幫助導演布景化妝等事，這是他們回國的第一次試驗。」〔註 32〕余上沅、趙太侔和聞一多等專業人才（他們也就是徐志摩認爲是有「技術」的人）從美國歸來以後，從戲劇體制到戲劇形式上都帶來了專業的作風和精神，使得戲劇作爲一個獨立且完整的藝術形式漸漸成熟並完善了戲劇獨特的藝術精神。從副刊上我們可以很清楚的看到，二十世紀二十年代戲劇作爲一門自律性很強的藝術門類已經得到了大家

〔註 28〕 余上沅：《戲劇的意義與起源》，《京報副刊》，1925 年 10 月 21 日，第 5 版。
〔註 29〕 夕夕：《戲劇的歧途》，《晨報副刊·劇刊》，1926 年 6 月 24 日，第 1 版。
〔註 30〕 趙太侔：《國劇》，《晨報副刊·劇刊》，1926 年 6 月 17 日，第 2 版。
〔註 31〕 徐志摩：《劇刊始從》，《晨報副刊·劇刊》，1926 年 6 月 17 日，第 1 版。
〔註 32〕 焦菊隱：《「加濃戲劇空氣！」》，《京報副刊》，1925 年 12 月 18 日，第 8 版。

充分的認同。

在擺脫對文學的附屬並逐漸獲得自身自律性的同時，戲劇也從社會活動的附庸中解放了出來，尤其是我們要看到早期戲劇活動有很多是出於社會宣傳、賑災救濟等等社會活動的需要而開展的。但是到了二十年代中期，隨著戲劇藝術在學理上、表演實踐上的成熟以及與大學戲劇學科的「聯姻」，「爲社會活動而戲劇」的觀念逐漸有「爲戲劇而戲劇」的趨勢。張嘉鑄在看了藝專表演的《獲虎之夜》、《一隻馬蜂》和《壓迫》後，聯想到戲劇從社會活動的附庸中解放出來時說：「這一次不是文明戲，不是愛美的戲，不是遊藝會的戲，不是募捐的戲；這一次的習演正是這幾種藝術第一次的合作。特別是導演同布景成爲正式的藝術，的確是從這一次開始的。」〔註33〕這也是由於戲劇同高等教育院校「聯姻」並「學術化」的成果，談到與大學的「聯姻」，徐志摩曾說：「我們現在已經有了小小的根據地，那就是藝專的戲劇科，我們現在借晨副地位發行每周的《劇刊》，再下去就盼望小劇場的實現。」〔註34〕徐志摩在這裡特意提到了對「小劇場」的渴望。他說：「我們的意思是要在最短的期內辦起一個『小劇院』——記住，一個劇院。這是第一部工作。」〔註35〕事實上，在二十年代現代戲劇的演出場所方面，也歷經了從茶館到新舞臺再到大劇場的分化過程，我們在二十年代的戲劇批評中不斷的可以看到戲劇批評家對在傳統戲園表演現代戲劇的批判，這不僅僅是由於場地、布景、聲學效果等等方面的不適宜於現代戲劇的特性，而且由於觀眾在傳統戲院裏觀賞戲劇時長期以來所形成的惡劣的觀賞習慣對現代戲劇的健康發展有極大地危害。徐志摩、陳西瀅、陳大悲等人都極其猛烈的抨擊過這一點。而徐志摩對「小劇場」的呼喚就是依據現代戲劇的藝術特徵、自然而然產生出表演場所的要求。余上沅更是十分重視專業的場地在現代戲劇中所起到不可替代的作用，他尤其是指出了在一個優良的環境中「劇場能夠叫你的想像更加豐富」〔註36〕。

通過以上戲劇與外在限制條件的脫離可以看作戲劇作爲一個獨立的、不依賴於其他外在因素的藝術活動，通過社會分化和自律性的不斷獲得而使其本身的藝術價值受到了嚴肅而積極的認可。

〔註33〕張嘉鑄：《評「藝專演習」》，《晨報副刊・劇刊》，1926 年 6 月 17 日，第 4 版。
〔註34〕徐志摩：《劇刊始業》，《晨報副刊・劇刊》，1926 年 6 月 17 日，第 1 版。
〔註35〕徐志摩：《劇刊始業》，《晨報副刊・劇刊》，1926 年 6 月 17 日，第 1 版。
〔註36〕余上沅：《論戲劇批評》，《晨報副刊・劇刊》，1926 年 8 月 26 日，第 2 版。

　　但是在戲劇內部問題就沒有這樣簡單了。處於新舊轉型期的二十世紀早期中國社會，中國和西方、傳統與現代的各種矛盾糾葛紛繁複雜、層出不窮。不同的人們對戲劇應該表現什麼和怎麼表現仍然分歧很大，內容和形式的矛盾擺在了每個人面前。熱心於社會啓蒙「爲人生而藝術」和熱心於自我表現「爲藝術而藝術」成爲了當時兩種主要的戲劇傾向。這樣的傾向也必然影響到由報紙副刊所構築的文化場域內，1923 年「愛美劇」陷入低潮後，《京報副刊》和《晨報副刊》作爲反映靈敏、回應及時的文化載體，首當其衝關注的一個問題就是關於「社會問題劇」的論爭。軍閥混戰、民不聊生的社會現實就成爲戲劇文化工作者的關注中心和表現重點，大量的社會問題劇應運而生。但同時也有人質疑社會問題劇這個說法是否成立，徐志摩、陳西瀅、余上沅就是代表人物。1923 年 5 月 6 日，北京女子師範高等學校演出易卜生的《娜拉》，出於對演出環境的不滿，徐志摩和陳西瀅中途退場。於是在《晨報副刊》上登出了不少抨擊他們兩人不關心社會問題的言論。於是，在 1923 年 5 月 24 日，《晨報副刊》登出了兩篇談論戲劇的文章，《我們看戲看的是什麼？》和《看新戲與學時髦》，它們的作者就是大名鼎鼎的徐志摩和陳西瀅。徐志摩在文章裏指出：「易卜生那戲不朽的價值，不在它的道德觀念，不在它解放不解放，人格不人格；娜拉之所以不朽是因爲它的藝術。主義等只是一種風尙，一種時髦，發生容易，消滅也容易，只有藝術家在作品裏實現的心靈才是不可或不容易磨滅的，猶之我們眞純的審美的情緒也是生命裏最不易消滅的經驗。我覺得現在的時代，只是深染了主義毒觀念毒，卻把藝術之所以爲藝術的道理絕不顧管。……我們也許看到了戲裏的主義，卻不曾看出主義裏實現的戲（藝術）。……所以我應該要求的是：戲的最先最後的條件是戲，一種特殊的花式，不是東牛西馬不相干的東西，我們批評戲最先最後的標準也只是當作戲，不是當作什麼宣傳主義的機關。」〔註37〕陳西瀅則指出：「如果一個人的目的，只在研究『人生』、『人格』種種問題，盡可多買幾本專門書看看。戲劇雖然可以表現世間種種深奧的問題，它的目的還是在愉快。」〔註38〕余上沅美國留學歸來不久於 1925 年 11 月 25 日在《晨報副刊》發表《社會問題與社會問題劇》一文，開口就是「我對所謂之社會問題懷疑，我對所謂之社會問題劇更懷疑」。他認爲社會問題劇不是藝術品，沒有永久性和普遍性，只

〔註37〕徐志摩：《我們看戲看的是什麼？》《晨報副鑴》，1923 年 5 月 24 日，第 2 版。
〔註38〕陳西瀅：《看新戲與學時髦》，《晨報副鑴》，1923 年 5 月 24 日，第 1 版。

是描寫了事實的表面，是敘述式的宣傳式的報紙文學。余上沅的言論雖然跟徐志摩、陳西瀅的文章間隔了兩年多，但是從精神氣質上看是極其接近的，同時更可以看出，這種否定社會問題劇存在合理性的思想勢力是很強大的。針對這種局面，《京報副刊》上對社會問題劇持肯定態度的人也不遺餘力的進行了回擊。向培良在 1925 年 11 月 28 日《京報副刊》上撰文《論社會問題劇並質余上沅先生》，他提出：「所謂社會問題者，不是特殊的，差異的；乃是普通的，共通的。……只要處於同一的環境變會發生同一的問題，直到這個環境變遷了問題才能變遷。因爲人類是有共感性的。……所以社會問題雖然是隨環境而變，而對付這個問題的心情卻是永久的普遍的潛伏在人類的心中。」〔註 39〕並且在文章末尾向余上沅提出了幾個關於社會問題劇的問題，而余上沅沒有回應。恰好余上沅在 1925 年 12 月 8 日於《京報副刊》上發表了《白鴿》劇本，從劇本前的作者注言裏可以看出，這個劇本本來是爲《北大留美年刊》而作，因爲該刊出版無期，所以才改在《京報副刊》發表。並且作者申明在先，該劇劇情發生地點、布景、人物動作都是留給「排演者自出心裁的機會」。正是余上沅這種「粗放式」的劇本，給向培良批評《白鴿》找到了孔隙。向培良在《京報副刊》上發表《一個新的方向？》一文，指出了余上沅戲劇人物動機不清、人物沒有個性、結構不經濟等等缺點之後，筆鋒一轉，又點出舊題：「若是好好的把社會問題劇多研究一下，一定能夠產生更好的作品。社會問題劇是近代的偉大作家所作的。他們所用的方法，明瞭嚴謹，最容易使我們中國人懂，最容易學步的。而且中國民族也正走在社會覺醒的路上，不超過這段階級，而想躍等，始終是徒勞無功罷。」〔註 40〕從徐志摩、陳西瀅、余上沅一方來看，應該強調戲劇的藝術性和審美特質，而在向培良等人看來，在風沙漫日、遍地虎狼的當日中國社會，應該重視戲劇的啓蒙作用，喚起大眾療救慘淡的社會現實。內容與形式之間的張力是他們爭論的糾結所在，這本身即是「一個硬幣兩面」的問題，沒有脫離內容的形式，同樣也沒有脫離形式的內容。社會問題劇地位最終的確立是無疑的，從余上沅沒有回答向培良在《京報副刊》上有關社會問題劇的發問即可看出一二。真理越辯越明，相對成熟的有關戲劇的意見慢慢也在副刊上形成了，1925

〔註39〕向培良：《論社會問題劇並質余上沅先生》，《京報副刊》，1925 年 11 月 28 日，第 8 版。

〔註40〕向培良：《一個新的方向？》，《京報副刊》，1925 年 12 月 14 日，第 7 版。

年 12 月 16 日在《京報副刊》上孔憲成發表了《談談〈白鴿〉》，在文中闡述了一個「成熟、完全、有價值」的劇本的六個特徵：合乎情理，激動情感，感化觀眾，結構嚴密，關節明白，語句自然，並且循此原則，對《白鴿》一劇進行了合理的批評。從形式到內容，戲劇自律性的形成已經鮮明的體現戲劇現代性之一隅。

我們認為戲劇作為一個獨立的、不依賴於其他因素的藝術活動，通過社會分化而使其本身的藝術價值受到了嚴肅而積極的認可，最終確立了自身價值的主體性。因為文化現代性是一個複雜的現代意義系統，文化在現代社會不斷分化，戲劇審美最終作為一個獨立的意義系統而存在。

二、從現代性的二律悖反考察戲劇現代性的轉變

任何現代性都不可能是剝離了傳統文化而簡單移植過來。考察中國戲劇的現代性我們要深刻體察歷史語境和文化習慣，而在《晨報副刊》之《劇刊》上發起的「國劇運動」則給了我們一個以啟蒙現代性和審美現代性來剖析中國戲劇現代性的視角。《劇刊》是《晨報副刊》的刊中之刊，它是在徐志摩等人的支持下於 1926 年 6 月 17 日將原來《晨報副刊・詩鐫》停刊後轉而創辦的。主持者主要有余上沅、聞一多、趙太侔等人。他們主張將話劇和中國傳統戲曲在藝術上融會貫通，取長補短。我們知道，中國傳統戲曲在五四新文化運動時期受到了以胡適、陳獨秀為代表的新文化陣營的猛烈抨擊，幾乎每個新文化運動的勇士們都要對戲劇攻擊一番，譬如即使自認為是戲曲「門外漢」的周作人也條分縷析的指出由於中國舊戲的野蠻和有害世道人心，因此「中國戲沒有存在的價值」。而張厚載的回應也避開了舊劇的思想內容的腐朽，專談舊戲的形式特色和美學價值，他所提煉出的美學價值就是寫意性、程序性和音樂性。由於辯論雙方的文化立場和現時針對性存在天壤之別的差異，因此，新文化陣營面對張厚載用一句「不值一駁」就脫離了本來很有文化價值的辯論場域。他們提出用來取代舊劇的就是話劇，即胡適所謂的「廢唱而歸於白」。話劇在中國的發展跟它在日本的發展歷程十分相似，日本明治維新之後，國內戲劇風潮為之一變。傳統的歌舞伎和能樂漸漸的失去了人們關注的中心地位，「新劇派」的「新劇」吸引了社會漸變中之國民的注意，對西方戲劇的關注也從莎士比亞轉移到易卜生。尤其是在 1906 年易卜生去世以後，更是形成了一個關注易卜生社會問題劇的熱潮。而中國話劇

從 1907 年第一個話劇團體「春柳社」編排中國現代第一個話劇《黑奴籲天錄》肇始，對社會問題劇的熱衷始終不減。但是由於中國話劇早期的幼稚病，在它發展過程中也相繼出現了很多令人深思的問題，比如過於注重宣傳問題意識，不重視話劇自身審美形式的建立，忽略了話劇作為一個完整的藝術體系所特有的藝術品格的形成。種種問題擺在了戲劇研究界面前，他們重新反思傳統，尤其是反思五四新文化運動對中國傳統戲曲盲目否定的觀念態度。徐志摩就認為「舊戲當然有它獨特的價值」，熊佛西也認為舊戲和西洋新戲骨子裏還是同樣的東西，「只要他們都是藝術」。趙太侔在對比了中西文化精神特質後指出西方的藝術是「難得有超脫的格調。它的極弊，至於只有現實，沒了藝術」，而東方的藝術則是「注重形意，義法甚嚴，容易泥守前規，因襲不變；然而藝術的成分，卻較為顯豁。」他在認為「舊劇是純藝術，但是死了」的同時，也認為：「舊劇動作的精彩處，我們也不斷的看到。比如現在常演的《夜奔》與《問樵》等劇，實在是充滿了戲劇和詩意。這固然由於聰明的演員別有領會與運用，然也可以想見舊劇動作的價值，舊劇確有改進的可能。」〔註41〕接著他批判了那種認為「舊劇根本要不得，絕無改良的餘地」的觀點，他通過細緻的分析認為，要想改造舊劇的音樂很難，但是「要救濟中國的舊劇，還得借用西方的方法。要訓練舊劇的動作，使它感覺靈敏，心身相應，能夠隨時自由表現，最好的方法，是借用西方的舞蹈 —— 形意的舞蹈作基本的訓練。」〔註42〕同時，趙太侔極力稱讚了傳統舊劇的「程序化」（Conventionalization）特色。他認為「揮鞭如乘馬，推敲似有門，疊椅為山，方布作車，四個兵可以代一支人馬，一迴旋算行數千里路，等等」都是「應該絕對的保存。藝術本來都是程序組織成的。」〔註43〕後來他對布景、燈光等方面逐一分析，最後，他針對舊劇的轉化問題指出：「舊劇還有幾點不須深加討論的，就如男女合演是當然不成問題的，男扮女是要推翻的，鼓樂放在臺的中心是要搬家的。」〔註44〕趙太侔的態度無疑是與五四時代知識分子激進的戲劇觀念是相悖的。除了自身藝術趣味的差異之外，知識分子已經開始了對五四時期大規模的「重破壞輕建設」文化策略的自覺反思。

〔註41〕 趙太侔：《國劇》，《晨報副刊‧劇刊》，1926 年 6 月 17 日，第 2 版。
〔註42〕 趙太侔：《國劇》，《晨報副刊‧劇刊》，1926 年 6 月 17 日，第 3 版。
〔註43〕 趙太侔：《國劇》，《晨報副刊‧劇刊》，1926 年 6 月 24 日，第 2 版。
〔註44〕 同上。

　　爲了更好的說明這個問題，這裡我們需要引入啓蒙現代性和審美現代性來分析戲劇現代性進程的複雜性。五四新文化運動之所以要打倒中國傳統舊戲曲，目的就在於要消除那些妨礙大眾啓蒙的傳統文化樣式。由於外部黑暗的社會現實和舊文化勢力的瘋狂攻擊，新文化運動先行者們並沒有秉著科學精神的研究態度來看待中國傳統文化，而是採取了全盤抹煞的文化策略，在他們腦海中對於文化應該具有的結構模式中是沒有傳統文化生存之地的，在他們關於文化啓蒙的「宏大敘事」中並沒有傳統文化言說的可能。他們深信歷史是進化發展的，滿懷希望的認爲人類前途只要通過理性就可以掌握在自己手中。梯利曾經這樣說過：「那是一個充滿了原理和世界觀的時代，對人類精神解決它的問題的能力，充滿信心；它力圖理解並闡明人類生活 —— 諸如國家、宗教、道德、語言 —— 和整個宇宙。」〔註45〕梯利簡潔明瞭的揭示了啓蒙現代性的精神內核。啓蒙現代性是資本主義歷史發展的產物，科技進步、工業革命和經濟與社會急速變化的必然結果。霍克海姆、阿多諾在《啓蒙辯證法》中指出：「從進步思想最廣泛的意義來看，歷來啓蒙的目的都是使人們擺脫恐懼，成爲主人。」〔註46〕當我們在文藝副刊上考察二十年代戲劇中的思想內涵和價值傾向的時候，我們發現，對人的發現和關注是最顯著的特點。在中國戲劇發展的第一個歷史階段，晚清以來的戲劇改良和戲曲變革由於受到了戲曲的自身藝術局限，再加上時代現實的需要，話劇從西方引介而來。《新青年》上兩個戲劇專號，《易卜生專號》和《改良戲曲專號》，表明了啓蒙主義者是極其看重戲劇改革在改革國民性上所能起的重大作用。起初，對「現代」人的認識還是處於朦朧而自發的狀態，並沒有很強的現代意識，但是從戲曲形態轉變爲話劇時代，代表了新文化發展的趨勢與潮流。尤其重要的是，戲劇表現的對象從傳統的注重觀風化的民俗風情到直面社會中的各種尖銳問題，從王侯將相、神仙鬼怪到芸芸眾生、平民百姓，從歷史事件、傳說掌故到現實人生。社會問題劇的受推崇是現實主義戲劇觀確立的一個標誌。人在社會中的覺醒，對個人權利的強調，對自由自主生存狀態的向往，不能不說是對社會批判的第一步，即對體察社會發展歷史眞相的

〔註45〕　〔美〕梯利，《西方哲學史》，萬力譯，北京商務印書館 1995 年 7 月版，第 421 頁。

〔註46〕　〔德〕霍克海默、阿多諾：《啓蒙辯證法》，洪佩郁、藺月峰譯，重慶出版社 1990 年 7 月版，第 1 頁。

一種人性渴望，而這一步是如此的難能可貴。從此以後，「人」在戲劇中才真正處於「在場」狀態，也正是這一步，標誌著與「非人」戲劇觀決裂。首先，「人」的當代性的視角作為最重要的觀察視角，對當時的社會現實給與了積極觀察、深刻思考，充分揭示了二十世紀早期中國社會的沈痼頑疾，封建腐朽沒落的社會制度、吃人的道德對勞苦大眾的桎梏和殘害。社會批判和文化批判的思想鋒芒極其突出。其次，現代戲劇開始了重視性格和靈魂的表現，憑藉現代心理學對人性的深刻認識，戲劇家們用平權的觀念來展示作為現代人的性格性情、情感實態、心靈悸動及其價值意義。現代戲劇在對古典戲劇的超越中逐步趨向了人性化和合度化，對人物性格刻畫和舞臺表現要求精緻化，才打造出適合近代人類文化生活的獨特樣式。正因為這些原因，在戲劇舞臺上才有了「人」的觀察的自主，思考的自主，行動的自主和責任的自主，而這些正是鮮明的體現出了黑格爾所指稱的「人的自由自主」原則。可見，啟蒙現代性強調更多的是人的理性的生活，人對自身理智的一種人性認同。

　　然而霍克海姆和阿多諾在充分肯定了啟蒙現代性的歷史功績以後也一針見血的指出：「……完全受到啟蒙的世界卻充滿了巨大的不幸。」〔註47〕啟蒙的辯證法告訴我們，啟蒙的統一理想會導致不平等的壓制，「啟蒙精神始終是贊同社會強迫手段的。被操縱的集體的統一性就在於否定每個人的意願。」〔註48〕啟蒙現代性對秩序的追尋必然的產生了「秩序的他者」——審美現代性。「如果我們把啟蒙的現代性視為對理性主義、合理化和科層化等工具理性的強調的話，那麼，審美的現代性正是對此傾向的反動，它更加關注感性和欲望，主張審美—表現性；……假如我們把啟蒙的現代性看成是對普遍性的強調的話，那麼，審美的現代性則顯然是關注地方性，是對平均一律的日常生活的衝擊，因為它更加關注的是差異和個體；……倘若我們把啟蒙的現代性界定為對人為統一規範的建立的話，那麼，審美現代性無疑是以其特有的片段和零散化的方式反抗著前者的『暴力』，它關注的是內在的自然和靈性抒發；……審美現代性，作為源於啟蒙現代性的文化產物，它的存

〔註47〕　〔德〕霍克海姆、阿多諾：《啟蒙辯證法》，洪佩郁、藺月峰譯，重慶出版社1990年版，第1頁。

〔註48〕　〔德〕霍克海姆、阿多諾：《啟蒙辯證法》，洪佩郁、藺月峰譯，重慶出版社1990年版，第10頁。

在似乎正是爲了顛覆導致它誕生的那個根基。」〔註49〕由此我們知道，審美現代性更強調對人類的感性的、直覺的關注，要求劇作家突出生活中「可感知的事務」而不是「被理解的事物」。所以伊格爾頓也曾指出審美現代性重要的是「回到身體」，肯定感性的合理性。尤其是二十世紀的中國社會本身就是一個各種觀念形態變動不居的「大時代」，而啓蒙現代性的價值理念在大眾中的不斷生根並被奉若神明。審美現代性作爲對當下社會現實的感性認識是在某種程度上抵制大眾價值觀的趨同的。當然，劇作家可能主觀上並沒有明確的認識到了這點，但是他們的作品已經「溢出」了他們的主觀意旨而達到了這個層面。作爲感性存在著的文化感知在它們還沒有達到理性的知識層面的時候，以對感性生命的充分表達來反映現實生活中隨時變化著的社會存在，這個就是審美現代性所認同的一種藝術的感性美。1923 年 4 月 24 日徐志摩在北京平安大劇院觀看了德林克華德主編的《林肯》後，對比新舊劇的特徵後撰文指出：「看坤劇只是掀動私欲的內焰，看舊劇只是封鎖藝術的覺悟，就是看男女兩『芳』的傑作，所得至多也不過極淺顯的官快。但是眞純藝術——戲劇亦藝術之一——最高的效用，在於擴大淨化人道與同情、感動，解放心靈中潛伏的天才賦予最純澈的美感，是於生命自覺中得一新境界，於人生觀中得一新意趣。能負這樣的使命者只有美的實現，實現美的藝術……。」〔註50〕審美現代性所追求的短暫、偶然、過渡也就是藝術的一半（另一半由啓蒙現代性承擔）。也就是說，在新的理性權威尚未確立的前提下，擔當重任的只能是感性觀念、意志情感等等方面，特洛爾齊曾經說過：「藝術的現代性表現爲對感性的重新發現和此岸感的強化，恢復此岸世界的感性品質的權利。」由此，我們來看早期的唯美主義戲劇就可以發現，它們在主題上都是拒絕平庸的日常生活的再現的，他們反對懶惰、腐朽的日常存在，它們只是想表現自身，他們希望戲劇可以給生活提供樣本，而不是生活將樣本提供給戲劇。這裡「爲藝術而藝術」作爲戲劇創作的思想在唯美主義戲劇中體現的十分充分。如果我們將唯美主義戲劇問題轉化爲戲劇審美現代化的問題，我們可以看到，這是戲劇藝術對機械、平庸、刻板的生活的一種顛覆，現代戲劇尤其是現代派戲劇和唯美主義戲劇因此而獲得了一種在啓蒙現代性的思想時風中

〔註49〕周憲：《審美現代性批判》，北京商務印書館 2005 年版，第 152 頁。
〔註50〕徐志摩：《德林克華德的〈林肯〉》，《晨報副鐫》，1923 年 5 月 3 日，第 1 版。

「越軌」的快樂，比如：審美現代性把主體從現代社會工具理性「鐵籠」救贖的努力；拒絕平庸，認爲藝術只是表現自身，生活模仿藝術遠甚於藝術模仿生活；強調審美的反思性等。余上沅在 1926 年 8 月 26 日《劇刊》第 11 期上就強調說「戲劇只是藝術，是自我的表現」。夕夕在《戲劇的歧途》中在對流行在戲劇創作中「愛情加命案」模式的戲劇惡俗傾向進行了辛辣的諷刺，同時他指出：「這樣一齣戲準能轟動一時。然後戲劇家可算成功了。但是，戲劇的本身呢？藝術呢？沒有人理會了。……若是因爲有一個問題，便可以隨便寫戲，那就把戲看得太不值錢了。我們要的是戲，不拘是那一種戲。若是僅僅把屈原，聶政，卓文君，許多的古人拉起來，叫他們講了一大堆社會主義，德謨克拉西，或是婦女解放問題，就可以叫作戲，甚至於叫作詩劇，老實說，這種戲，我們寧可不要。」〔註 51〕因此，他堅決的支持戲劇應該具有「純形」（Pure form）的藝術特徵。徐志摩更是一以貫之的認爲「戲劇是藝術的藝術」，並且「如其藝術是激發乃至賦與靈性的一種法術，那一種藝術有戲劇那樣打得透，鑽得深，搖得猛，開得足？」〔註 52〕在他看來戲劇具有「小之震蕩個人的靈性，大之搖撼一民族的神魂」的藝術魔力。從他們這些人的言論中的關鍵詞（諸如：靈性、純形，自我表現等等）我們可以看出，他們體現了審美現代性的基本思想取向，並且充分發揮了審美現代性作爲「秩序的他者」對啓蒙現代性所應起到的反思作用。而他們在《晨報副刊》之《劇刊》上發起的「國劇運動」恰恰是對五四新文化運動啓蒙現代性對中國舊戲徹底否定態度之反動，也是審美現代性反思性最鮮明的體現。

綜上所述，從《京報副刊》和《晨報副刊》上有關戲劇的創作和討論，我們可以清楚的看到文藝副刊推動戲劇現代性發展的重大作用，並且深入歷史文化原生態去觸摸戲劇文化現代性脈動。由文藝副刊考察戲劇現代性問題本身的複雜性，並從啓蒙現代性和審美現代性在中國社會文化問題尤其是戲劇問題上的角力歷史中，我們可以由此認識到它們之間的衝突與對抗所導致的不和諧恰恰就是現代性所要求的「和諧」，歷史總是用這樣看似背謬的方式展開自己的論述。

〔註 51〕 夕夕：《戲劇的歧途》，《晨報副刊・劇刊》，1926 年 6 月 24 日，第 1、2 版。
〔註 52〕 徐志摩：《劇刊始業》，《晨報副刊・劇刊》，1926 年 6 月 17 日，第 1 版。

第四章 《京報副刊》廣告以及合訂本研究

　　西諺云「從一滴水中可以看出太陽的光輝」。對一個副刊的品格有時候也可以從很細小的方面得以體察，我認為廣告就是深入來研究副刊外在形象、內在品性、文化導向以及讀者趣味等問題的一個很好的方面。而廣告研究作為現代副刊研究的一個新興領域，學界涉及尚少。這樣的研究不但可以幫助我們在深入歷史語境、重返文化現場的基礎上更好的認識歷史、把握研究對象，而且經由它所產生的問題意識和學術架構將進一步拓寬我們的學術視野和研究視域。

　　魯迅先生曾經說：「看廣告的種類，大概是就可以推見這刊物的性質的。例如『正人君子』們所辦的《現代評論》上，就會有金城銀行的長期廣告，南洋華僑學生所辦的《秋野》上，就能見『虎標良藥』的照排。雖是打著『革命文學』旗子的小報，只要有那上面的廣告大半是花柳藥和飲食店，便知道作者和讀者，仍然和先前的專講妓女戲子的小報的人們同流，……《語絲》初辦的時候，對於廣告的選擇是極嚴的，雖是新書，倘社員以為不是好書，也不給登載。因為是同人雜誌，所以撰稿者也可行使這樣的職權。聽說北新書局之辦《北新半月刊》，就因為在《語絲》上不能自由刊登廣告的緣故。但自從移在上海出版以後，書籍不必說，連醫生的診例也出現了，襪廠的廣告也出現了，甚至於立愈遺精藥品的廣告也出現了。……但以前我也曾盡了我的本分。當襪廠出現時，曾經當面質問過小峰，回答是「發廣告的人弄錯的」；

遺精藥出現時，是寫了一封信，並無答覆，但從此以後，廣告卻也不見了。」
〔註1〕魯迅在這裡談到了《語絲》上的廣告從一個同人刊物時期的嚴謹過渡到
「非純粹的同人雜誌」階段的雜亂，他從廣告的角度來審視了《語絲》的「一
種顯著的變遷」。同人雜誌的廣告文化品位的穩定性是依附於同人社團自身的
穩定性的，如果同人社團內部發生了分裂，或是受到了其他諸如商業邏輯的
侵蝕，比較容易發生廣告性質的變化。而對於日報副刊來說，由於編輯人員
的體制性的職業優勢，職業流動性較小，編輯個人的思想一般比較成熟，外
界干擾較少，因此可以在一個較長的階段里保持刊物廣告的趣味和品格，而
且他們大多依附於一個實力雄厚的報社，基本上不用去考慮過多經濟方面的
壓力。對孫伏園來說，副刊上的廣告不能只是「為廣告而廣告」，而是還應該
「為副刊而廣告」，廣告也應該是副刊的另外一張「臉面」，它也是一個副刊
文化趣味和思想導向的一個風向標。

廣告欄，顧名思義就是為了推銷商品而採用公共媒體形式。在新的文化
生產機制日益完善和成熟的前題下，文化產品，尤其是受五四時代思潮影響
的進步文化產品，比如書籍、報刊、雜誌等等，它們為了擴大自身的社會影
響力，並且在市場化運作的商業渠道中獲得必要的經濟來源以便於更好的發
展自身，不但利用自己的篇幅和自己旨趣相投的刊物利用互換廣告的模式來
相互鼓吹，而且利用有償付費的方式正式的開展了媒體廣告運營，並以此獲
得的經濟收入來更好的為自身媒體的發展服務，孫伏園主編的《晨報副鐫》
就是很典型的一個例子。《晨報副鐫》的第四版用了幾乎整整一個版面來作為
廣告欄，在 1921 年 10 月 12 日的《晨報副鐫》第一號的中縫就有花邊的廣告
招攬啟事：「本刊招登廣告啟事：本附刊之第四版及兩面中縫特闢委廣告地
位，凡關於學術文化之書籍雜誌文具等廣告……」。所以在《晨報副鐫》上不
光有書籍、雜誌的廣告，而且登載了很多諸如「中國真精眼鏡公司」的眼鏡
廣告、「『助學社』招股印書啟事」之類的廣告。這個時期的《晨報副鐫》廣
告欄的商業氣息似乎稍微重了些，除了有關思想學術文藝的刊物以外，實用
性的或是雜務性的廣告也佔了一定的比例。而等到孫伏園主編《京報副刊》
的時候，為了塑造並維護《京報副刊》的文化形象，尤其是為了要在「沙漠」
一樣的社會文化語境中鮮明的表示出自己的思想取向和藝術品性，《京報副

〔註1〕 魯迅：《我和〈語絲〉的始終》，《魯迅選集》第二卷，人民文學出版社 1983
年 12 月版，第 500 頁。

刊》始終如一的保持了廣告與自身思想傾向以及文化形象的統一性。

《京報副刊》我們知道是八開八版的版式，它不同於《晨報副刊》的一個顯著的區別就是它在正式的版面上並沒有廣告的一欄，只是在兩版版面之間的中縫內才設置爲廣告的位置，而且，從它的發刊實際情況看來，它的廣告欄並不是一開始就成型的，而是慢慢完善起來的。《京報副刊》第一第二兩號沒有廣告，第三期上就出現了《語絲》第四期的廣告，但是也只是在第一版和第八版的之間的「中縫」裏才有，而且也只有這一個廣告；直到《京報副刊》出到了第八號，照例是第一版和第八版的中縫有《語絲》第五期的廣告，同時，在第二版和第七版之間出現了《現代評論》的廣告，用二號黑體字印刷的「現代評論出版了！」在下面還有一些詳細的介紹刊物出版的情況：「已經籌備了半年的現代評論，因爲種種原因到此刻才得出版，眞對不起許多望眼欲穿的朋友們啊！現在它不先不後，正當干戈始戢，百廢待興的時候，哇的一聲，產生出來，他應當覺得他的責任是很重大的了。現代評論是一個內容很豐富的周刊……」，同時在中縫的上沿，還附上了《現代評論》第一期的目錄預告。在末尾也詳細的介紹了《現代評論》的發行細則：「本報自十二月十二日起，每逢星期六出版，本京每期售銅元八枚，預定半年：自起大洋七角，郵寄大洋八角五分。外埠零售大洋三分，半年連郵費大洋八角五分。報費先付，郵票作九折計算，並以半分者爲限。總代售處：北京後門內漢花園北京大學出版部　通信處：暫由總代售處轉交」。到了第十號在第三版和第六版之間中縫又多了一個廣告，是國立北京大學研究所國學門考古學室藏器拓本發售的廣告，其中有各種古代拓片的具體年代和價錢的介紹。到了第十三號，在第四版和第五版中間又出現了《孤軍周報》第二期出版預告和孤軍周刊第一期的目錄介紹。自此，《京報副刊》八個版面之間都有了廣告。在《京報副刊》創刊之後的一段時間內，《語絲》、《現代評論》和《孤軍周報》的廣告是最多的，每期都有關於它們出版刊物的詳細目錄介紹。魯迅與現代評論交惡之後，在 1925 年 7 月 29 日最後一次出現了《現代評論》的廣告，原來《現代評論》廣告的位置被《自由周刊》取代，直到同年 8 月 30 日才又出現了《現代評論》第三十八期的廣告。我覺得《語絲》和《現代評論》自始至終在《京報副刊》的廣告欄中相隨很可以反映出一些問題，在早期的《現代評論》上，英美派的自由主義知識分子們在北洋軍閥的黑暗統治下，爭自由、要民主，反壓迫、抗獨裁，尤其是在政治表現上，在當時是有積極進步

色彩的。受杜威和羅素思想影響很大的孫伏園，決心以思想革命來讓民眾獲得政治「常識」以及相應的鍛鍊，在當時乃至以後一段時間內，在他的眼裏《現代評論》不是敵人，而是友人。可能也有這方面的因素，非常注意廣告性質的魯迅後來也覺得孫伏園太圓滑了。

　　《京報副刊》的廣告欄相對《晨報副刊》來說顯得比較單一，沒有那麼「雜亂」，商業氣息不是那麼濃厚，從內容上看，《京報副刊》上的廣告大體上可以分爲以下幾類：書籍（大多是北新書局出版）、社團雜誌（大多是旨趣相投的）的宣傳，在 1926 年初魯迅、周作人對東吉祥胡同的「正人君子」們展開鬥爭的時候，它也表現出一定的戰鬥氣息和較鮮明的政治傾向性。《京報副刊》在「現代大學體制、精神——同人社團流派——報紙副刊」這個文化場域中積極配合了現代大學的學術活動並發揮了重要的學術動員作用，尤其是與北京大學研究所國學門的學術活動的「聯姻」使得它的廣告欄與《晨報副刊》相比有比較濃厚的學術氣，而不是商業味。接下來本書就將對《京報副刊》上的廣告分別予以考察。

第一節　與文學相關的廣告活動

　　本節嘗試以孫伏園主持下的《京報副刊》的廣告欄中與文學相關的部分爲對象進行初步的研究，緊緊圍繞現代報紙文藝副刊是如何推動新文學運動建設、在文化結構如如何凸顯自己的媒介角色這些核心命題而展開。與文學相關的廣告主要可分爲以下幾類：

一、對進步作家創作和譯介的成果的廣告

　　《京報副刊》廣告欄內十分重視對著名作家的作品推薦，這也是副刊廣告欄對新文學運動推動的具體表現之一。孫伏園早在 1923 年 2 月 4 日《晨報副鐫》第四版上的《看月》一文中談到：「我是治文學的，我以爲思想界的沉默，是因爲青年的血管中沒有學的緣故。現在最需要的是偉大的創作家，將現社會中一切老年人的頹唐少年人的無望等等怪相，以及萬惡的社會底下或者有著耿耿不泯的一點希望，都用藝術的手腕描寫出來，這種不過是舉一個例，文藝的世界自然是萬分廣漠的，儘管可以讓創作家自由的描寫開去，但總之這種創作一定對著青年人的血管射進一種活動的能力。我希望的創作

家，是又要偉大，又要眾多。」可見，孫伏園對文藝的啓蒙作用是深信不疑的。因此，當他發現了所謂「水平線上」的作品，他都希望這些作品可以讓更爲廣大的群眾、尤其是青年看到並進而產生思想的活力和創造的衝動來這改造這個古老國度屢弱的國民性和變革吞噬個性的社會。當然，不光是文學創作，而且包括文藝論著、翻譯作品等等，只要是能對國民思想革命起作用的，都在被推薦介紹之列。

1925 年 3 月 15 日及其後的一段時間，在廣告欄內有魯迅自己寫的對《苦悶的象徵》譯本的推介：「這其實是一部文藝論，共分四章。現經我以照例的拙澀的文章譯出，並無刪節，也不至於很有誤譯的地方。印成一本，插圖五幅。實價五角，在初出版兩星期中，特價三角五分。但在此期內，暫不批發。北大新潮社代售。魯迅告白。」這則廣告在廣告欄內相當的顯目，不但用了大號的字體，而且用黑體排印。魯迅對《京報副刊》是十分支持的，而他也是《京報副刊》編輯手中的王牌作家，作爲當時「思想界的權威」的魯迅的作品，《京報副刊》上不遺餘力的推薦當然是很正常的，不但經常將《吶喊》、《華蓋集》、《熱風》等書籍作爲北新書局的廉價書目之一種在廣而告之，而且對魯迅的其他作品也很重視，1925 年 1 月 13 日又有對魯迅譯作廚川白村的《出了象牙之塔》的廣告，「這是廚川白村泛論文學，藝術，思想，批評社會文明的論文集。著者說：『我是也以斯提芬生將自己的文集題作『貽少年少女』一樣的心情，將這小著問世的。』魯迅翻譯，陶元慶畫面，全書約二百六十面，插圖五幅。實價七角。外埠直接購買者不加郵費，郵票不能代價。總發行處：北京東城沙灘新開路五號，未名社刊物經售處。售書時間：每天下午一點半至六點鐘。」《京報副刊》的廣告欄在推介魯迅翻譯廚川白村的《苦悶的象徵》和《出了象牙之塔》兩部作品中，是功不可沒的。

1925 年 5 月 10 日及以後，在《京報副刊》第一版和第八版的中縫有張競生《美的人生觀》的介紹，「此書爲北京大學教授張競生博士所著，於近來甚囂塵上的人生觀一問題獨有精到的見解。文字上又能節節引人入勝，插圖數幅更具精彩。全書二百餘頁，今爲優待讀者起見，特價三角，以兩星期爲限，在特價期內，暫不批發，（特價期自本月八日起至二十二號止）代售處北京東城翠花胡同北新書局。」在 1926 年 1 月 20 日，在第一版和第八版的中縫廣告上又刊登了張競生《美的社會組織法》出版廣告，「是書爲北京大學教授張競生先生所著，前在《京副》登出些少部分，已大博得讀者的歡迎。書中處

處以狂熱的筆鋒，寫出種種極高尚的理想，無論你在何方面看去，均可見出他深遠的見解和獨到的主張。凡喜歡看張先生《美的人生觀》者定然喜歡看這本書，俾得一個較完滿的美的觀念。實價五角，現賣特價三角半以二星期為限。代售處：北新書局　北京大學出版部」張競生在二十年代的北京文化界是一個風雲人物，也是頗有爭議的一個人物，在那個時代他對人們衝破傳統禮教的束縛是有過幫助的，孫伏園對他也十分推崇，認為他是一個「理想之境」的創造者。

1925 年 9 月 28 日，《京報副刊》第三版和第六版之間中縫出現了徐志摩《志摩的詩》作為現代社文藝叢書第二種出版的廣告，「《志摩的詩》出版了，自本星期起在現代評論社（北大第一院）發賣，書印兩種，宣紙厚本定價一元四角，白連史的定價一元，卻是聚珍宋字精印的線裝書，很不討厭，到書不多，買客從速。志摩的詩，無須介紹，這集子是他自己選定的，有不曾發表過的多首。」這個廣告一直到 1926 年都還有，可見，《京報副刊》並不因為徐志摩跟魯迅、周作人等人的筆墨官司而否定徐志摩的詩歌藝術，而且正是對於徐志摩詩歌藝術價值的確信和對新文學作家作品一以貫之的熱情，《京報副刊》廣告欄才不顧作者的思想傾向而大膽地繼續為作品做廣告，當然這或許又要受到重視作家思想傾向的魯迅的腹誹了。

1925 年 8 月 18 日，《京報副刊》第三版和第六版中縫中登出了冰心女士的小詩集《春水》的廣告，「《春水》是冰心女士的詩集，出版後風行一時。現得冰心女士的同意，將數年來所做之長詩短詩，精選數十首附在本書之後，頁數比以前增加一倍。現已出版，定價五角，特價四角，（本月十六至三十）以直接向本局購買者為限，郵票不收。經售處　北京翠花胡同北新書局」；同日還有《語絲》合訂本的廣告，「語絲合訂本第一冊出版了。每冊四角。第二冊在裝訂中，旬日內出版。洋宣紙的每冊五角，報紙的每冊四角，外埠寄費加一。郵票代價，九五計算，且以半分及一角者為限。總經售處　北京翠花胡同北新書局」。在 1925 年 9 月 12 日《京報副刊》第三版和第六版中縫上刊登了「北新書局廉價書目」，其中的著作都是進步作家的文藝作品、學術著作或是譯作，尤其是新文學運動中的標誌人物的作品很多，總共推出了 45 部作品，作家有魯迅、周作人、李小峰、林蘭、孫福熙、俞平伯、冰心、蔡子民、章衣萍等等，關於刊物總共有三個，《立達季刊》（劉大白等主撰）、《法院季刊》（廣東大學出版）和《京報副刊》月訂本（孫伏園主編）。我們不難從中

看出北新書局與《京報副刊》的密切關係。

　　廣告中對有的書刊的介紹就如同一則簡短的文藝評論，比如在 1925 年 3 月 21 日出版的《京報副刊》中，在第三版和第六版中縫中有對作爲狂飆社叢書第一種，高長虹所作的《精神與愛的女神》的介紹，其中說：「這本詩集，代表一個覺醒的人類從疲倦中所發出的愛的呼聲。他的生命，他的大膽無畏的精神，他的熱烈的愛，他的美的情緒，他所顯示的人生的意義，在病的中國，也許是一種新的發見。你如一讀，你如能觸著他的眞際他便會引你到另一個世界。」而在 1925 年 5 月 8 日第三期的《莽原》上，有對高長虹同一本書的廣告詞，在措辭上就跟《京報副刊》的很不一樣了：「這本詩集的內容，在歌頌理想的愛 —— 兩性共同的創造 —— 以暗示新的人生全部的意義。愛的女神，不含神秘的意味，……但其中反抗的精神，則殊強烈。故於不安於社會的壓迫與人生的煩悶的青年，則此書或能與君以或種之刺激也。」顯然，對同一本書的介紹由於登載廣告的刊物的不同而發生了變化，在有戰鬥精神的同人刊物《莽原》上登載的廣告與相對來說注重思想文藝爲主的《京報副刊》上的廣告也與刊物本身一樣，具有相匹配的文化特質。

　　對婦女問題的關注也是書刊廣告內容的一個熱點，尤其是到了 1926 年以後，婦女問題從書問世後，章錫琛翻譯木間久雄作品並作爲婦女叢書第一種的《婦女問題十講》以及第二種章錫琛編輯的《新性道德討論集》等。

二、對旨趣相投刊物的大力介紹和興論支持

　　除了本書開頭時候提到的《語絲》、《現代評論》之外，對那些進步社團，尤其是魯迅支持的社團的刊物（比如《猛進》、《狂飆》、《沉鐘》、《莽原》等）的大力推薦，也是《京報副刊》廣告欄的一個特色。

　　比如在對《狂飆》廣告的安排上，《京報副刊》有自己匠心獨運的地方，1925 年 3 月 1 日出版的《京報副刊》第八版上有《狂飆周刊宣言》一文，而在 2 月 26 的《京報副刊》廣告欄內就已經在刊發「革新後的狂飆周刊」的廣告，詳細的介紹了即將於 3 月 1 日出版的《狂飆》周刊。事實上，這就是狂飆社同人利用《京報副刊》的廣告欄和第八版的正文，給自己出版的刊物在媒體上造勢，《京報副刊》也樂於利用自己的篇幅給這些進步的青年刊物以幫助。1925 年 5 月 16 日，在《京報副刊》第四版和第五版之間廣告欄內有《猛進》周刊的發表的緊要啓事，「本周刊宗旨純正，言論正大，自出版以來，備

受社會歡迎。不意第九期送至郵局,發往京內外之報,均被警廳檢驗扣留,殊深駭異,除向警廳嚴重抗爭外,仍依本社同人向來主張,繼續出版,並設法逐期寄送,籍副愛讀本刊諸君之雅望。特此通告。」同時在中縫欄內繼續刊登《猛進》目錄,這顯示了《京報副刊》對北洋軍閥隨意踐踏有關出版法律的憤慨和對進步刊物的輿論支持。

對創造社的刊物,《京報副刊》也不遺餘力的給予大力的支持,1925 年 9 月 1 日的《京報副刊》第三版和第六版之間發表了創造社主辦的《洪水(半月刊)》出版預告:「洪水是青年人自由發表青年思想,徹底批評一切的小小的定期刊,她的態度是坦白的爽直的,她的主張是光明的。她的唯一的信條乃是自己的自由。朋友們,派別與主義把人性斷絕了的現在,哪裏有青年自己發表的地方呢?但是,興起吧,青年人,和我們同掀起滔天的巨浪,把青年的束縛洗盡。──編輯者創造社洪水編輯部──通訊處上海皇民路二九五周全平」。這是對創造社刊物的推介廣告。不但是對刊物進行推介,而且它還允許創造社在廣告欄內發佈籌股的廣告,爲創造社在經濟方面的宣傳造勢、助力。1925 年 12 月 16 日,在《京報副刊》第三版和第六版之間,刊發了「創造社緊要啓事」,其中提到了創造社預備東山再起的計劃:「(一)刊行月刊,徵求預定(預定處光華書局)。我們這個月刊的計劃已經醞釀了好久的時辰了。但我們因爲受怕了旁人的閒氣,才直耽擱到今朝。現在我們決定於一九二六年三月一日出版創造月刊的創刊號了。月刊的負責編輯是達夫和仿吾;月刊的內容便是季刊和周報的集合體。是側重文藝的,更是側重創作的。月刊的格式和洪水彷彿,但是篇幅有洪水的四倍多,而且是用上等的瑞典紙印的;月刊的定價是每冊大洋三角(特刊價臨時酌增),全年大洋三元三角郵費外加。我們現在爲使月刊的基礎格外鞏固,也爲了增加讀者的興味起見,定了個有待預定的辦法,就是在年內預定全年者,只須大洋二元四角;在明年出版前預定全年者,只須大洋二元七角郵費在外。(郵票代洋加一算。)希望愛好文藝的讀者早些把定書單塡好寄來。(二)組織出版部,募股五千元。創造社出版部也決定成立了。出版部的必要,已經有許多人提起過,不用再多說。總之,要使出版物進步,非由作家和讀者自辦出版事業不可。我們對於自辦出版的計劃已頗有把握。但我們爲實現作家與讀者合作的主張,便定了個分股募集的辦法。現在把簡章抄在後面。請同情於這個計劃的朋友們都來助成這個計劃。第一條,本部由創造社同人發起組織專辦創造社書報之出版

事宜。第二條，本部資本額定五萬元現募集第一期股款五千元分作一千股每股國幣五元正認股時一次繳足。第三條，本部第一期股款之募集於一九二六年二月三十日截止。……第六條，認股人除利息（暫定五釐）外有特價購買本部出版物之權利。（凡認股人預定創造月刊全年者只收半價一元六角五分郵費照算。）……」創造社後來可以東山再起，在北京獲得經濟支持這個環節的輿論造勢過程中，《京報副刊》是給予很大幫助的。

　　《京報副刊》不僅是給那些有名氣的、有名人支持的社團做廣告，只要是宗旨適合、精神氣質接近的社團刊物，它都樂於為之吶喊。在 1926 年 2 月 20 日《京報副刊》第四版和第五版中縫上刊登了《弦上》周刊所做的「小刊物的大廣告」，其中說：「一個小小的刊物，弦上，是我們 ABG……幾個人的機關報。從這個弦上，要發出鋒利的強有力的箭，射向一切應當射而且我們高興射的東西。因為這是一個很小的東西，所以我們是要以窄而深的傷痕加之於我們的敵人的——只要我們有敵人可看見或捫索見。這個刊物，雖然定了每星期出一次，每次八頁，但並不一定，我們高興時，正不妨隨便擴充它一些，出增刊，或添加至十二頁至十六頁至……不等。我們並且還預定了要出一個特別的增刊，弦外餘音，如其有可尊重的敵人或者朋友肯對我們的弦上加以正的或負的助力的話。」後來這個刊物也產生了一定的影響，高長虹就曾經在這個刊物上發表過文章。

　　這樣的例子還有不少，比如在 1925 年後期對《沉鐘》、《山西周報》、宣揚國家主義的《國魂旬刊》（後改為《國魂周刊》）、《燕大周刊》、北京民國大學發行的《民大月刊》、中大的《衝鋒旬報》、《國語周刊》、《狂飆》（不定期刊第一冊）、《實踐旬刊》、號稱國民當正統派的《民生周刊》、中國國民黨北京特別市黨部婦女部主持的《婦女鐘》、《政治生活》周刊、《牧羊人旬刊》以及婦女雜誌《新女性》雜誌等都給予過大力介紹和關注。

三、《京報副刊》廣告欄的鬥爭色彩

　　自從《京報副刊》創刊以來，《語絲》的廣告就沒有斷過，而《現代評論》的廣告也只是在 1925 年 8 月份女師大事件鬥爭最尖銳的時候——也就是周作人所說的「八月一日以後，楊蔭榆劉百昭率領老媽打手爬牆打扇，章士釗請教東吉祥，正人君子之真面目全然曝露，陳源一面為北大反反章派之柱石，

一面在《現代評論》上大做其《閒話》，爲章士釗張目」〔註2〕的時候──才中斷了一個月。之後於 1925 年 9 月恢復在《京報副刊》上刊登廣告的《現代評論》和與它針鋒相對的《語絲》同時出現在《京報副刊》的廣告欄（一直登到了京報館被封爲止），顯得頗有些滑稽。這也在一定程度上顯示出《京報副刊》以及孫伏園自身思想的含混性和矛盾性。但是在思想傾向上，他們無疑是傾向於周氏兄弟的。

在 1926 年 1 月 21 日，《京報副刊》在刊發《現代評論》第三卷第五十八期的目錄廣告的同時在第二版和第七版之間的中縫上刊登了一則《語絲》的廣告，這則廣告在社會上引起了強烈的反應，這則廣告標題是用黑體二號字刊出的，在頁面中央顯得非常醒目，它的標題是「北京的一種古怪周刊《語絲》的廣告」，其中云：「《語絲》是我們這一班多少有點『學匪』脾氣的人所辦的，已有一年多的歷史，本年一月四日已出了第六十期。這裡邊是無所不談，也談政治，也談學問，也談道德，也談文藝，自國家大事以至鄉曲淫詞，都與以同樣的注意，這是說在我們想到要說的時候。我們的意見是反道學家的，但我們的滑稽放誕裏有道學家所沒有的端莊；我們的態度是非學者非紳士的，但我們的嬉笑怒罵裏有那些學者紳士們所沒有的誠實。我們不是什麼平衡家或專門的文士，所以議論未必公允，文章也沒有水平線可說，不過這足以代表我們的眞實的心，這一點似乎是值得廣告的。《語絲》最大的特色在於『不說別人的話』，至於『不用別人的錢』或者還是第二點。總之，《語絲》在北京──或是中國雜誌界中可以說是有點古怪的一種，這似乎不很難，卻也不很容易做的。在自己的廣告裏決心盡量的吹一下，但想來想去沒有別的話可說只能寫這幾句然而也已經覺得用了十分的力了。」這則廣告中的所謂「不用別人的錢」自然是針對現代評論派所說的，明眼的讀者當然可以看出來這則廣告作者的言外之意。在《語絲》第六十八期內有讀者王子欣寫給章川島的一封信，其中說：「我讀《語絲》，也讀《現代評論》，昔者我臆斷這兩種刊物是水和火，或者說是神和魔；從章士釗做教育總長之後，我們局外人處處看出來你們的不相容，這一點你們不至於諱言罷。……登在京報附刊中的《語絲》廣告，說到不用人家的錢，這話是否指《現代評論》而發？我看這廣告的文筆極像你，那麼現代評論之受津貼，你總該知道，這是眞事麼？」

〔註 2〕 周作人：《論並非睚眥之仇》，《語絲》第 75 期，第 2 版。

而章川島在回信中說：「語絲的廣告是周豈明先生主稿的，與我無干。現代評論社受人津貼的話，似乎已經有人說過。不過在我看來這不足為病，即《語絲》開辦時，魯迅曾付十元，豈明五元，鄙人七元，共二十二元。無論什麼事，沒有錢如何辦得成呢？你想。」〔註3〕章川島的話無疑是有些滑頭的，他輕而易舉的把讀者指謫他們利用廣告來攻擊現代評論派的做法一筆代過，用所謂的「常識」來暗中指明現代評論派收受津貼在事實上的可能性。同時，他也指出了在《京報副刊》廣告欄中那則廣告的作者即周作人。

　　事實上，在《現代評論》創辦之初，周作人對留學英美的現代評論派諸人並沒有什麼惡感，對陳西瀅一開始不但沒有惡感，而且由於陳西瀅是由在歐洲留學的劉半農和傅斯年推薦到北大的，因此周作人對他一開始是很客氣，從周作人發表於《語絲》第七十五期上的文章《論並非睚眥必報》一文就可以看出他們交遊是比較融洽的，兩人曾多次共同赴宴並郊遊。一直到了1925 年 5 月底陳西瀅在《現代評論》上大做「閒話」的時候，周作人才感到有些不快，尤其是對東吉祥胡同的「正人君子」們在女師大風潮中的表現感到十分憤慨，對陳西瀅更是鄙視到了極點：「我看不起陳源的是他的捧章士釗，捧無恥的章士釗，做那無恥之尤的勾當。《現代評論》當初雖然不是我們的同志，也未必便是敵人，他們要收章士釗的一千元，也不干我事，只要他們不丟醜，不要當作賄賂拿，但是，看呵，這樣一副情形，由不好惹的陳源先生起來千方百計明槍暗箭的替章士釗出力，閒話俱在，不是別人能夠『偽造』的。這不但表明陳源是章士釗的死黨，即《現代評論》也不愧因此而證為『白話老虎報』。」現代評論派徐志摩主持的《晨報副鐫》在 1926 年 1 月 30 日刊出所謂的「反周專號」以及「三一八慘案」之後，雙方論爭明顯升級了，這個時期的論爭已經不是在 1925 年 5 月份左右雙方多少還帶點含蓄的暗箭往來了，周作人直接用廣告的方式來打擊現代評論派所謂的「公理」與「正義」的假面了。利用廣告的方式來打擊對方的致命要害，這個可以說是語絲同人的首創。

　　在《語絲》第七十一期《我們的閒話》標題下，周作人這樣說到：「《語絲》在幾個小報上登了一個廣告，內中有一句話，說我們『不用別人的錢』，豈知就闖了大禍，有人疑心是在諷刺《現代評論》的兩千大洋，或者以為是

〔註3〕王子欣、章川島：《反周事件答問》，《語絲》第 68 期，第 2 版。

『自鳴清高！』就是這第二款似乎也已不成事體，以爲據現代評論社的陳西瀅先生說，『要是並沒有人請你去做皇帝，你卻以『務光許由』自負，非但不能證明你的清高，正可以證明你有進瘋人院的資格。』準此，《語絲》的人可以鑒定是很有瘋氣了，因爲你們還沒有拿章士釗的錢的資格而敢妄自尊大，一定是喪心病狂無疑，……瘋人就瘋人，這倒也沒有什麼。關於第一款我想諷刺不諷刺的問題還在其次，重要的還是在《現代評論》到底有沒有那兩千元的大洋。」周作人通過《京報副刊》擴大了《語絲》廣告的社會影響，把現代評論的眞面目揭示給更多的人看，他通過廣告的方式把大家的注意力集中在了問題的核心上，也就是現代評論派到底有沒有拿章士釗的津貼。

以《京報副刊》上的廣告爲始、這樣的鬥爭方法也越來越普遍。在《語絲》第七十九期第一版有「本報增加篇幅定價預告」、其中又提到了：「本報出版以來、承大家幫助、已出了足一年半、現擬從八十一期起『特別改良』、撰稿者仍舊是這一些人、內容上未必會有多大的進步或退步、形式上則擬改爲二十頁的中本、於閱讀者稍有便利。但是因爲這樣一來、印刷各費要大一點、本社別無收入、不得不仍取諸讀者、所以八十期以後的定價也須略爲增加、……」中又提到了「本社別無收入」一句話、分明也是意有所指的、絕不是無端的言詞。在第八十期《語絲》第八版《我們的閒話》一欄中、周作人非常巧妙的對關於廣告惹出的風波發表了自己的意見、他頗有委屈狀地表示在這個年頭說話眞不容易、動不動就會得罪人、大約因爲人心不古、心虛的人太多、隨便的一句話不觸著這個人的創傷、就刺入那個人的心坎。「前回《語絲》登了一個廣告說及不用別人的錢、豈知觸了收過章士釗一千元津貼的報社之忌、大家很是惶恐、生怕惹出是非了。這回語絲上所登的啓示裏又發見了違礙字樣、即是『本社同人別無收入』、這豈非又要被《現代評論》見怪麼？誰起草這個啓事的、眞是太不小心了。……倘若能夠仿《三場程序》或《字學舉隅》的樣子、把許多犯諱的字例如士釗、一千元、津貼、收入、別人的錢等都羅列出來、使人一目了然、免得誤用觸犯、那是功德無量的事、……」〔註4〕周作人這時顯然已經平息了被「反周專號」和「三一八事件」激蕩起來的憤怒的心理狀態、又變得幽默而含蓄了。他說「誰做的這個廣告、眞是太不小心了。」我們可以推想見周作人這個時候已經頗有些優勝者的心理狀態了、他寫了那則在《京報副刊》上的廣告、獲得了他理想中的社會廣

<hr>

〔註4〕 周作人：《我們的閒話》，《語絲》第 80 期，第 8 版。

告效應。在澄清了自己、打擊了敵人的同時、而且在《語絲》與《京報副刊》之間巧妙的形成了一種跨刊際的「廣告互助網絡」、通過這個網絡、孫伏園和語絲同人針對現代評論派展開了卓有成效的鬥爭。

總的看來，《京報副刊》的廣告欄積極推介現代進步作家作品，大力宣傳進步文藝社團的同時，也在同吉祥胡同的所謂「正人君子」開展著堅決而充滿智慧的鬥爭。可以說，是新文化運動催生了《京報副刊》及其廣告欄，同時，《京報副刊》又以其鮮明的文化旗幟、堅定的文化品格支持著新文化運動在全國範圍廣泛、深入的開展。可見，對民國文藝副刊廣告欄的研究不但可以幫助我們更好的瞭解報紙副刊的品格和傾向，同時也對我們更好的瞭解民國文化生態、出版宣傳以及社團、知識分子關係史也有極大的作用。

第二節 《京報副刊》廣告與北京大學研究所國學門學術活動

二十世紀二十年代大學學術與現代大眾傳媒的複雜關係一直是媒體研究的一個熱點，尤其是大眾傳媒是如何參與並推動大學學術的開展以及大學學術精神對大眾傳媒文化品格的形成所起到的作用是很關鍵的方面。本書在深入歷史語境的前提下，通過《京報副刊》廣告欄這個獨特視角來透視這一獨特的雙向文化交流活動，《京報副刊》始終如一的保持了廣告與自身思想傾向以及文化形象的統一性，尤其是注重在廣告欄內配合現代大學的學術活動，對北京大學研究所國學門學術活動的關注和推介乃至直接參與就是一個很好的例子。

在孫伏園的編輯理念中，現代大學學術精神應該參與到報紙副刊的日常宣傳中並以此影響社會大眾的精神狀態，反過來促進高校學術活動的順利開展。以前他所參加的新潮社就是從一個研究學術的讀書會轉變而來，因此在他主編《晨報副鐫》的時候，在「新型大學精神與體制——同人社團雜誌——日報副刊日刊」這個文化場域和媒體序列模型中，《晨報副刊》的學術思想資源就是新潮社同人的學術思想，而新潮社同人又直接受到了當時北大精神與體制的影響，也就是說如果把上述的文化場域模型具體化的話，就是「北大精神與體制——新潮社同人與《新潮》——《晨報副刊》」。而到了他主編《京報副刊》的時候，希望以大學的學術精神影響社會民眾思想的觀念依然

十分強烈，但是由於原先的新潮社同人大多此時已經出國留學，很難形成穩定的思想資源來支撐《京報副刊》。但是，孫伏園受到仍然留在北京的新潮社周作人、顧頡剛等人極大影響，尤其是收到了當時高校學術界流行的「整理國故」思潮的影響。在大學的學術精神已經轉向的新形勢下，作爲這個媒體序列末端的《京報副刊》是怎麼樣在社會上傳遞這種學術精神並反過來推進學術的順利開展呢？這個問題就牽涉到了北京大學研究所國學門的學術開展工作與大眾傳媒的結緣這個問題。

一、《京報副刊》對北大研究所國學門的廣告宣傳

整理國故、提倡舊學，這是北大研究所國學門學術研究非常鮮明的特徵。1922 年秋北大校方停辦了綜合性的《北京大學月刊》，改爲四種季刊：《國學》、《自然科學》、《社會科學》與《文藝》，後來北大國學門又辦了《國學門週刊》以及由它改刊而來的《國學門月刊》，並根據研究對象的不同而成立了五個學會，即歌謠征集研究學會、明清內閣檔案整理學會、考古學會、風俗調查學會和方言調查學會。周作人、顧頡剛等人都在這些協會裏面從事相關調查研究工作，因此，受他們影響甚深的孫伏園自然會把北大國學門的學術工作帶到「大學精神與體制——北大國學門——《京報副刊》」這個新型的文化場域與媒體序列中去。而對北大國學門影響很大的胡適提出來研究國故的思想方法是「歷史的觀念、疑古的態度、系統的研究，整理國故。」〔註5〕同樣具有廣泛影響力的梁啟超則在 1923 年 1 月 9 日講《治國學的兩條大路》中指出研究方法是：一，文獻的學問，二，德性的學問。在北京大學《國學季刊》第一卷第一期的發刊宣言中，也提出：「學問的進步有兩個重要方面：一是材料的集聚與解剖；一是材料的組織與貫通。……我們不研究古學則已，如要提倡古學的研究，應該注意這幾點：（1）擴大研究的範圍。（2）注意系統的整理。（3）博采參考比較的資料。」在「怎樣擴大研究的範圍呢？」一欄中提到文學的時候是這樣說的：「廟堂的文學故可以研究，但草野的文學也應該研究。在歷史的眼光裏，今日民間小兒女唱的歌謠，和《詩三百篇》有同等的位置；民間流傳的小說，和高文典冊有同等的位置，……」在「注意系統的整理」的欄目下則提出了：「歷史不是一件人人

〔註 5〕 胡適：《「研究國故」的方法》，《胡適全集》第十三卷，安徽教育出版社 2003 年版，第 47～50 頁。

能做的事；歷史家需要由兩種必不可少的能力：一是精密的功力，一是高遠的想像。沒有精密的功力，不能做搜求和評判史料的功夫；沒有高遠的想像力，不能構造歷史的系統。」而在「怎樣博采參考比較的資料」欄目下講求與西方學術研究相互參考比較，在文學方面提出了：「小說戲曲近年忽然受學者的看重，民間俗歌近年漸漸引起學者的注意，都是和西洋文學接觸比較的功效更不消說了。此外，如宗教的研究，民俗的研究，美術的研究，也都是不能不利用參考比較的材料的。」最後，《發刊宣言》這樣總結道：「我們提出這三個方向來做我們一班同志相互督責勉勵的條件：第一，用歷史的眼光來擴大國學研究的範圍。第二，用系統的整理來部勒國學研究的材料。第三，用比較的研究來幫助國學的材料的整理與解釋。」〔註6〕無論是胡適提出的「系統的研究」或是梁啓超所說的「文獻的學問」對北京大學國學門的宗旨都是有所影響的。

從《國學季刊》第一卷第四號中的《研究所國學門懇親會紀事》可以看出，周作人、顧頡剛等人是實際上主持著北大研究所國學門的「歌謠研究會」；而風俗調查會是由張競生發起並成立的。他們都是跟孫伏園來往密切的文化同路人，他們的學術路向的引導對孫伏園影響很大。對民間故事、歌謠的征集一直是周作人、孫伏園、顧頡剛、張競生等人熱心的活動，早在孫伏園主編《晨報副鐫》的時候，他們就多次在副刊上以北大研究所國學門的名義通過《晨報副鐫》在社會上廣泛的徵求過，在 1923 年 7 月 7 日，在《晨報副鐫》上就有張競生制定的《北京大學研究所國學門風俗調查表》，同年 9 月 22 日，又刊出了《國立北京大學研究所國學門古迹古物調查會啓事》，從 10 月 18 日開始一直到 31 日，又陸續刊登了《北京大學國學門研究所調查河南新鄭孟津兩縣出土古物紀事》的考古報告，並且在 11 月 16、17 兩天詳細的介紹了「國立北京大學研究所國學門懇親會紀事」的相關消息。而到了 1924 年除了繼續徵求新年風俗物品之外，在 2 月 12、13 日兩天又刊登了《北京大學研究所國學門方言調查會成立紀事》，並且在 3 月 25 日發表了方言調查會宣言書；在 3 月 7、8 日兩天又刊登了《國立北京大學研究所國學門歌謠研究會常會迎新會員會紀事》。總的來看，《晨報副鐫》對北大研究所國學門的學術活動是十分配合的。

周作人一直以來就非常重視民間故事的文化價值，他在《語絲》第六十

〔註6〕　胡適：《發刊宣言》，《國學季刊》，第一卷第一號。

一期第八版上發表的《關於「狐外婆」》一文中就提到：「這些民間故事我覺很有趣味，是我所頗喜歡的。倘若能夠蒐集中國各地的傳說故事，選錄代表的百十篇訂爲一集，一定可以成功一部很愉快的書。或者進一步，廣錄一切大同小異的材料，加以比校，可以看出同一的母題（motif）如何運用聯合而成爲各樣不同的故事，或一種母題如何因時地及文化的關係而變化，都是頗有興趣的事。可惜中國學問界還沒有功夫來注意這些『閒事』，只落得我們幾個外行人隨便亂講。」〔註7〕早在 1923 年 3 月 31 日《國學季刊》第一卷第二號內「歌謠研究會紀事」就提到：「本會於十一年二月十九日第二次開歌謠研究會以決議應辦之事有三：（一）征集。（二）整理。（三）發表。今將進行之十項特列於後：（1）征集　已於去年登報征集；並刊印簡章分寄各省教育廳，請其轉囑各縣學校；並委託私人朋友和同鄉團體，代爲收集。皆得有極好之成績。數月以來，每月平均月收到歌謠五百則以上。……（3）發表　本會於十一年十二月十七日本校二十五週年成立紀念日發行一種《歌謠周刊》，（由周作人，錢玄同，沈兼士，張鳳舉，常惠編輯，附北京大學日刊發行，現已出十數期。）專爲會員研究討論之機關，以期引起歌謠投稿者之興味。」〔註8〕並且在文後附有「北大歌謠研究會征集全國近世歌謠簡章」。其中就提到了「登報征集」和「委託私人朋友和同鄉團體」代爲收集，孫伏園當時主編的《晨報副鐫》上面就經常有類似的歌謠征集的廣告。而《歌謠周刊》則是在它沒有變成《北大研究所國學門周刊》以前，一直在孫伏園先後主編的《晨報副鐫》和《京報副刊》上做廣告的。

　　爲了在更爲廣大的社會階層和空間範圍內徵求民謠、民間故事，周作人、顧頡剛自然想到了已經離開了晨報社並主編《京報副刊》的孫伏園手中這個發行量、影響力巨大的社會媒體資源。

　　1925 年 2 月 9 日，《京報副刊》第三版和第六版之間中縫有對周作人、林蘭等述作《徐文長的故事》的廣告，「徐文長－徐文長－徐文長是誰？徐文長是一大串有趣的故事的箭垛。顧頡剛先生把古史當作『徐文長故事』觀，其實民間傳說的眞價值也就因爲可當作最古最古的古史觀。諸君要看一大連串的民間傳說嗎？請看－請看－每冊一角五分　發行處北大一院新潮社」。不但是賣書的廣告，同時編排在這則廣告下面的，是一則「徵求民間故事啓

〔註7〕　周作人：《關於「狐外婆」》，《語絲》第 61 期，第 8 版。
〔註8〕　參見《歌謠研究會紀事》，《國學季刊》第一卷第二號，第 399 頁。

事」，其中說：「民間，各故事處都有；記錄下來發表，不但可以供學者研究之用，且可供我們餘暇時的消遣。《徐文長的故事》即其一例。讀者倘能以此類故事，記錄一點寄來者，至為感謝，將來刊印成集，當每人贈送若干冊。來稿請寄北京漢花園北京大學新潮社轉林蘭收可也。」把學術研究徵求材料的廣告，緊緊的附在書刊售賣廣告之後，廣告欄因此不光是有了買賣的性質，更是有了學術研究的學問氣。當然，這裡面也很可能有孫伏園與晨報社個人的恩怨在裏面起作用，周作人以前就在《晨報副鐫》上發表過有關徐文長故事的介紹，而當時主編《晨報副鐫》的孫伏園可能因此而得罪了晨報社的編輯，周作人認為孫伏園後來離開晨報社與這個事情有關，他曾經在《語絲》第五十四期上發表《答伏園論『語絲的文體』》一文，其中提到：「你當然還記得《語絲》誕生的歷史。當初你在編輯《晨報副刊》，登載我的《徐文長的故事》，不知怎地觸犯了《晨報》主人的忌諱，明令禁止續載，其後不久你的瓷飯碗也敲破了事。大家感到自由發表文字的機關之不可少，在開成茶樓集議，決定發行這個連名字也是莫名其妙的周刊。」〔註 9〕周作人在這裡回顧了《語絲》誕生的歷史，他想要表達的是「我們並不是專為講笑話而來，也不是來討論說明文體與主義。我們的目的只在於讓我們可以隨便說話。」而《晨報副鐫》正是不能讓周作人和孫伏園等人「隨便的說話」，孫伏園最終被迫離開了為之奮鬥多年的《晨報副鐫》。現在孫伏園到了《京報副刊》做主編，就如同他要在《京報副刊》一週年紀念號上以勝利者姿態大刊特刊魯迅的擬古打油詩《我的失戀》一樣（正是以這首詩為直接原因而導致他離開晨報社），他現在在廣告欄大登周作人等人述作的《徐文長故事》的廣告，而且一登就是大半個月。在《語絲》第五十四期所附廣告欄內也有關於《徐文長故事第四集》的廣告，可見，相同文化趣味的刊物在對廣告的選擇和刊登上也是相互支持，彼此配合的。後來在 1925 年 10 月份在《京報副刊》廣告欄又登過顧頡剛編輯的《孟姜女故事歌曲》（甲集）的出版廣告。

　　1925 年，《京報副刊》國慶特號上第三十三版和第四十版之間中縫廣告欄出現了周作人、錢玄同和常惠等人「徵求民間猥褻歌謠」的廣告，「大家知道民間有許多猥褻的歌，謎語，成語等，但是編輯歌謠的人從來不大看重，采集的更是不願記錄，以為這是不道德的東西，不能寫在書本子上。我們覺得這是很可惜的，現在便由我們來做這個工作，專門收集這類猥褻的歌謠等，

────────────

〔註 9〕周作人：《答伏園論「語絲的文體」》，《語絲》第 54 期，第 38 版。

希望大家加以幫助，建設起這種猥褻的學術的研究之基礎來。我們知道這些歌謠裏所含的藝術分子大抵很少，但我們相信這實在是後來優美的情詩的根苗，……從這些歌謠變爲情歌，再加純化而爲美人香草的歌詞，這個痕迹大略是可以看出來。因此，我們想從這裡窺測中國民眾的性的心理，看他們（也就是咱們）對於兩性關係有怎樣的意見與趣味。我們自己並不想去研究或統計，但深信這於有些學者會有不少的用處。我們現在所想的事情是：1，蒐集猥褻的謠諺謎語等編爲猥褻歌謠集，2，蒐集古語方言等編爲猥褻語錄。我們因爲數年來參與歌謠蒐集的經驗，感到這種俗歌有特別編集之必要，……我們幾個人現在便著手征集，希望明白端正的朋友贊助這個計劃，供給各項材料，使我們在不很長的期間內能夠有成績可以發表。猥褻事物的範圍內普通包含著四個項目，即（1）私情，（2）性交，（3）肢體，（4）排泄。私情的詩本來還不很忌諱，可以收到尋常的歌謠集裏去，暫且不必管它，現在所要征集者乃是比較狹義的，以下三項爲限。無論這些文句及名稱在習慣上覺得怎樣的粗俗（如說明書中所舉的各例），我們都極歡迎，因爲這不是在紳士淑女的交際場中，乃是一間很簡陋的編輯室，在這裡一切嘴裏說不出的話都是無妨寫在紙上的，文詞務求存眞，有音無字的俗語可用注音字母或羅馬字母拼寫，或用漢字音注亦可。……我們預定上明年六月底編成猥褻歌謠集第一集，猥褻語錄期尙未定。歌謠集並不公刊，唯具有特種資格者可以購取，投稿五首以上的人當各贈與一部，不及五首者也當予以別的便利。投稿或來信請寄下列三處：北京新街口八道灣十一號，周作人；北京宣外西花園九號 ，疑古玄同；北京高祝寺夾道五號，常惠。」跟發表在《京報副刊》上一模一樣的廣告也出現在《語絲》第四十八期第八版上，可以看出在廣告上，文化趣味接近的《語絲》和《京報副刊》由於都受到了語絲派周作人、顧頡剛等人影響，自然也在某些地方有重合之處。

在民俗方面，在《國學季刊》第一卷第三號「國立北京大學研究所國學門重要紀事」欄目內有「風俗調查會」一欄，其中說：「本學門爲設立『風俗調查會』事，於五月十四日集合同志開籌備會一次。由張競生教授提出風俗調查表（表附後）付討論，經會眾略加修改，決議採用。……我國學者，記述民眾事故，大抵偏重禮制；閒論風俗，瑣碎不全，能爲有系統之研究者蓋少。前者，歌謠研究會會員常惠君曾有組織民俗學會之議，而未果行。近頃張競生先生亦提議及此，擬就風俗調查表，商定在本學門設立風俗調查會，

先事文字上之調查，並約定歌謠研究會會員協力合作。……暑假在即，同學諸君定多言旋，正可籍用修業時間就地分別調查。此不惟於自己的見識及學術上貢獻兩有裨益，抑亦暑假中一種最好的消遣。」〔註10〕這是北大研究所國學門最早的徵求風俗的廣告。在孫伏園主編《京報副刊》過程中，他一直通過自己手中的媒介資源有意識的配合著北大研究所國學門的研究工作，在1925年3月7日孫伏園在《京報副刊》上用了將近三個版面的篇幅來登載張競生制定的「國學門風俗調查表」，不但替張競生的「風俗徵求」活動製造輿論支持，更是直接參與到學術活動中來。孫伏園在張競生的調查表後面發表了鼓勵群眾積極參加風俗調查活動，並且說：「（調查表）並有若干份存本刊編輯部詫為分送，各地人士請投函索取可也。」積極發揮著現代副刊媒體的學術動員機能。

　　1925年1月16日的《京報副刊》第八版上登載了用美術花邊修飾的「北大研究所國學門紀事」新聞，底下的標題是「北大風俗調查會征集各地關於舊曆新年風俗物品之說明」。我們發現這則廣告就是《國學季刊》上北大研究所國學門紀事欄內原封不動抄到《京報副刊》上來的。事實上，這則廣告不但在《京報副刊》上登載過，而且早在1924年1月18日就在孫伏園當時主編的《晨報副鎸》內登載過，一模一樣的文字。同樣的文章，橫跨一年的時間，以同樣的文本出現在孫伏園先後編輯的《晨報副鎸》和《京報副刊》上，可見，大學的學術精神與現代文化副刊的精神結緣是有歷史淵源的。

　　至於研究所國學門的歷史學方面的研究工作主要集中在明清內閣檔案整理上，在《國學季刊》第一卷第一號上的「研究所國學門重要紀事」欄內，有記述：「教育部歷史博物館所存之清內閣大庫檔案，為研究近世史必要之參考物，前經研究所國學門主任沈兼士商請蔡元培校長，呈請教育部，將此項檔案移交本校代為整理；於本年五月二十二日，得教育部指令許可；校長乃囑託沈兼士、朱希祖、馬衡，單不庵，楊棟林諸教員前往歷史博物館辦理接收事宜。檔案既移運到校，研究所國學門史學系中國文學系教職員沈兼士、朱希祖……，在校學生連蔭元、魏建功……等富有整理檔案之興趣者，組織一整理檔案會；於七月四日著手整理。」〔註11〕在這裡需要我們注意的有兩

〔註10〕參見《國立北京大學研究所國學門重要紀事》，《國學季刊》第一卷第三號，第557頁。

〔註11〕參見《研究所國學門重要紀事》，《國學季刊》第一卷第一號，第199頁。

點，第一，這個整理工作後來的研究成果是《文獻》半月刊，《京報副刊》曾經在廣告欄內長期給於廣告推介；第二，學生魏建功後來在《京報副刊》上發表了大量的有關清朝皇室的藏書以及故宮內的傳說記載的文章。而且早在孫伏園編輯《晨報副鐫》的時候，也經常在副刊上發表北大國學門的研究成果，比如在 1923 年 3 月 26 日的《晨報副鐫》第四版來件欄內就有「北大整理檔案會來函」信件。其中說到：「按本校在去年暑假之內，整理內閣檔案，發見明清兩代重要史料，為數甚多。……」在文章中駁斥了《順天時報》的謬論，並指出：「此種無謂之評論，本可置諸弗理，顧就事實論，則頗有關於清代之掌故，不得不據實駁正。茲特請貴報將此信登入來函欄，以明真相而免誤會。」信後的署名就是「北京大學整理檔案會」。而《京報副刊》對國學門考古學方面也給予過廣告的支持，比如在中縫廣告中對「國立北京大學研究所國學門考古學室藏器拓本重定價目」的商品細目也大力宣傳過。

二、《京報副刊》廣告的學術動員機制

　　1925 年 6 月 27 日的《京報副刊》上刊登了孫伏園徵求「暑假中的學生生活」報告的頭版廣告。由於是五卅慘案剛剛發生不久，學生即將面臨放暑假而不能繼續以團體組織的形式來從事愛國活動，孫伏園就想利用這個機會通過《京報副刊》廣告的形式來開展一次特殊的學術動員活動。

　　孫伏園在廣告啟事中說：「這許多受過高等教育的學生，一旦離開都城回到鄉間去，我說這是一件極可注意的事。知識的傳播猶如水的就平一樣，即使存心要密不告人，見了知識不如己的，也自然而然會鼓起精神，滔滔不絕的講上一兩小時而不能自己。如果從來沒有人到鄉間去宣傳過，中華國民之為中華國民，其知識程度究竟能否到這步田地，恐怕大是疑問。所以計算起總帳來，暑假中留住都城或跑回鄉曲，後者比前者的成績更好而大，也是事理上應當如此的。本刊就願意承辦這篇總帳的報告。據我粗疏的計算，報告可以有下列各項：一，救國運動；二，教育事業；三，故鄉的風土人情；四，都市生活與鄉村生活的異同；無，民間傳說及神話故事歌謠等的采集；六，家庭生活之苦樂；七，一般人民的真意見；八，書本上的學說應用於實際社會之效驗與困難；等等。……就是請各地方的同學盡點義務，撰文投寄本刊，使全國各地同學，看了這篇文字，足以抵過親身遊歷而有餘，……而所得到

的知識與興味反格外豐富。各校學生諸君阿！你若要到你同學的故鄉去遊山玩水，觀風問俗，而一刻不能達到目的時，最好是把自己的故鄉的山水風俗等先敘述出來，寄交本刊與他人交換。」〔註12〕在正刊上面登完了這則啟事以後，之後又多天連續的登載來擴大影響。

　　孫伏園在這裡提到的希望學生利用暑假來徵求學術資料的手法，顯然是從北大研究所國學門原來的徵求方式中學來的，在《國學季刊》第一卷第三號的《國學季刊》中還有考古學研究室的布告，其中第二則布告提到：「現在暑假已屆，在會諸君諒多返里者，本會擬利用此休息時間，請同志諸君就地調查關於考古學之材料。其調查之範圍，大致可分為三類：（1）古迹……（2）古器物……（3）古美術品……。此事不惟於學術有裨益，抑亦暑假中之消遣良法也。」〔註13〕而孫伏園充分發揮了《京報副刊》閱讀群體很大比例上是學生的優勢，利用了原來大學校園內針對學生的學術資源徵求的特色，來發佈學術動員的廣告。當然，他這樣做的目的也與他在北大國學門內的學術分工有關係，在 1925 年 12 月 23 日出版的第十一期《北大研究所國學門周刊》內的學術界消息一欄內，有「本學門叢書預備付印二十一種」預告，其中說：「本學門頃已決定擬做編製專門書目的工作。此種工作用意在使學者欲專門研究某種學問，只需檢閱此項書目，其材料之所在一索即得。其內容之編製則不僅限於成書大著，凡筆記夾註有關某種學問者均一律羅列，並收無遺。現在預定下列四種，各由一人總集收羅，仿學術年表辦法，廣求學術界互相幫助，此四種為：（1）方言書目 —— 魏建功，（2）風俗書目 —— 孫伏園，（3）歌謠書目 —— 常惠，（4）考古書目 —— 容庚，黃文弼。」〔註14〕在其中孫伏園負責的風俗目下共有三種，分別是：妙峰山，東嶽廟和北京市招。可見，孫伏園雖然出了北大校門，卻仍然熱心於北大的學術活動，並有意識的把自身在北大研究所國學門學術機構中的角色與他在大眾傳媒中的角色協同起來，利用現代副刊媒體的巨大的社會影響力和覆蓋力，發揮並調動大眾媒介的學術動員機制，在「大學精神與體制 —— 同人學術社團 —— 日報副刊」這個文化場域和媒體序列的末端，實現把大學學術精神引向社會大眾的目的。

〔註12〕　孫伏園：《暑假中的學生生活》，《京報副刊》1925 年 6 月 27 日，第 1 版。

〔註13〕　參見《國立北京大學研究所國學門重要紀事》，《國學季刊》第一卷第三號，第 552 頁。

〔註14〕　參見《「本學門叢書預備付印二十一種」預告》，《北京大學研究所國學門周刊》，1925 年 12 月第 11 期，第 24 頁。

　　總而言之，現代大學的學術活動與大眾傳媒、尤其是報紙副刊日刊的緊密結合是上個世紀二十年代令人矚目的一個文化現象，形成了大學學術滲透到社會並且社會反哺學術的雙向文化交流活動。本書只是通過報紙副刊廣告欄這個獨特的視角來看待報紙副刊在「大學精神與體制 —— 同人學術社團 —— 報紙副刊」這個文化場域內所發揮的獨特的學術動員機制，並且想通過對北大國學門學術活動的參與和推廣，來從廣告這個角度來反映出《京報副刊》鮮明的學術品格和文化導向。當然，這兩個文化組織在人事上的重合以及在精神氣質上的接近，也是我們理解這一文化現象的一個方面。

第三節　關於《京報副刊》的版式與副刊合訂本

　　民國時期文藝副刊的版式是研究現代文藝期刊很重要的一個方面，尤其是由版式所引發的關於副刊合訂本的問題是少有人關注的一個文化現象。副刊合訂本的出現，不但改變了人們傳統的閱讀副刊的習慣，完成了從讀報到看雜誌的轉變，而且在擴大副刊的銷售渠道、文化影響力以及對副刊本身文化品格的再次構建上都發揮著巨大的作用，從《晨報副鐫》開始發行副刊合訂本到孫伏園在《京報副刊》進一步擴大和鞏固副刊合訂本與現代書局的合作的歷史過程中，我們可以在歷史文化生態的再現中開創一個副刊研究的新視角。

　　在《京報副刊》發刊號上登載有孫伏園的一篇文章，專門談《京報副刊》的版式，對於從事過很多報紙副刊日刊編輯的孫伏園來說，選擇什麼版式應用於剛剛著手編輯的《京報副刊》是需要費心思的事情。他說：「現有的日報附張或小報大抵有四種式樣。第一種『自由談』，『快活林』，『小時報』等無論矣；時事新報的『學燈』，北京晨報的副刊代表第二種；『向導』及民國日報的『覺悟』代表第三種；北大研究所的『歌謠周刊』，以及『綠波』，『狂飆』等代表第四種。第四種最好，可惜印刷工人和讀者兩方面都不大習慣，所以只好暫緩採用。二三兩種之間，第二種似乎較好，但篇幅太大，合訂時翻閱非常不便。所以我們決採第三種。但又頗以『覺悟』每行字數為太多了，或者太費閱者眼力，所以兼採『語絲周刊』的短行制。不過有一層要向閱者聲明的，現在還有許多人看不慣『覺悟』和『語絲』一類的式樣，拿到手以後，倒來倒去的看了半天，終於看不出個所以然。現在我在這裡鄭重聲明，『京副』

的愛讀者的案上大抵不至於不備一把小刀的罷，那麼請君先裁開而後翻閱，便什麼問題也沒有了。將來如果想得出更好的式樣，自然希望逐漸的改善。」

看每天的日報副刊要隨時準備一把小刀，這是那個時候由於印刷技術和排版技術受到了報紙發行以及傳統閱讀習慣影響的原因。熟悉的人自然是並不以此爲詬病的，但是從國外回來的林語堂可就有意見了，在《語絲》第五十四期上他發表了一封給周作人的信，標題是《語絲的體裁》，其中說到：「近來因爲先討論到《語絲》的體裁，不免又想起來，不知道先生或是伏園，或是那一位《語絲》的朋友能用較聰明的幾何分析，替我解釋一下，免得我讀《語絲》，《猛進》，或無論哪一種一大張八頁的刊物時，心上要每每難過。我從小就聽見我們先生說書是自右而左自上而下讀法的。平常這樣讀法也是通的，一頁一頁總可以讀下去。若是西洋書便只要由左而右，與讀中文書籍相反，這也是很簡單。但是自從《京報副刊》，《語絲》，《莽原》，《猛進》等等出世以後，卻發覺此例不通了。無論如何翻來翻去，總找不出一個相當的讀法，或盡向左，或盡向右，或盡向上，或盡向下都不行，又沒人告訴我，找了好久才找出一條原則如下：『頁數若依由右而左讀法，其結果如下：1，2，7，8，翻，5，6，3，4。凡《語絲》，《猛進》及《京報》十種副刊皆適用。』我暗想這種前無古人的數法當然有什麼好處，不然何以能蒙各大編輯先生的一律採用。但是至今還不知道其妙處何在？……自然若將報割開而以第二張夾在第一張便可以循序讀下去，但是這是不是叫看報的人必帶一把洋刀然後可以看報？況且割開來一查，第一張仍舊是 1，2，7，8，第二張是 3，4，5，6 ，這有什麼好處？照理豈不是應該上半張 1，2，3，4，由右而左循序而進到上半張完才到下半張又由右而左循序得 5，6，7，8。這一點淺顯易行的辦法何以反不採用？與裝合訂本也未見得有何阻礙。」〔註15〕林語堂從一個讀者日常閱讀的角度指出來由於副刊版式的不恰當帶給讀者閱讀上的困難，並且提出了自己的意見，並且特意指出來「與裝合訂本也未見得有何阻礙」。

對國內的出版界版式編排現狀深有瞭解的周作人當然知道副刊版式上的缺陷，在接下來的回信中說：「你所提出來的問題實在不容易解決，其理由因爲語絲只有八面，倘若再多一點便可以訂做一個小本子了。照現在的情形只有這幾種辦法。一，即現在所用，第一張 1278……的摺法。二，直摺，即第一張 1234……，如前此的『歌謠周刊』，但也要裁開方行，否則第一與第二張

〔註15〕林語堂：《語絲的體裁》致周作人信，《語絲》第 54 期，第 38 版。

還是顛倒的。三，摺法同上而第一二張不顛倒，如前此的晨報副刊，但這個摺法我完全反對，因爲看時雖略順便，訂時卻很費手腳；上下兩張中間的黑線條是靠不住的，若照他裁下，兩張的下端便長短不齊，要裁的齊幾乎非用尺量了不可，因爲此外並無可以依據的標準。他們廢止了那個摺法而改爲舊『學燈』似的長方形，我覺得很可感謝的。四，摺法同『語絲』而兩張裁開，如前此的『燕大周刊』，這也還便利，但兩張小紙，似乎容易散失，又於發行上也或者稍費手腳。據我看來，這第四種或者比較得好一點。」〔註16〕他也並沒有提出一條解決副刊版式的方案，而且尤其是從讀者在副刊合訂本裝訂的過程中的困難這個角度來給於解釋。

這也反映了一個問題，那時候的新文化運動的精英人物，比如周作人、林語堂和孫伏園等人都把是否便利於裝成合訂本當作決定版式的重要條件，可見他們對副刊合訂本是非常重視的。總體上說來，在讀者方面，副刊合訂本的出現將他們傳統讀報紙的閱讀習慣轉變成讀書、讀雜誌；而在副刊擴大銷售面並進而增加閱讀覆蓋面方面說來，副刊合訂本的出現，擴大了進步報紙副刊的影響力，報紙的發行量一般來說是有個固定的數目的，而隨著副刊合訂本的出現，書局與合訂本的攜手進一步擴大的副刊的影響力以及覆蓋面。在質的方面，則是改變了副刊日刊作爲報紙的媒介屬性；在量的方面，是副刊合訂本銷售渠道的社會化和網絡化。

當然，副刊日刊合訂本的出現，並不是開始於《京報副刊》。四大副刊中出合訂本最早的是民國日報的《覺悟》，然後是《晨報副鐫》，再是時事新報之《學燈》，最後才是《京報副刊》。在1922年4月27日的《晨報副鐫》第四版也有《時事新報》副刊《學燈》合訂本的廣告，「本刊每日一張，按日隨時事新報發行，不另收費。自二月起，裝訂成冊，每冊零售小洋三角，外埠郵寄費三十五分，即可寄奉。」而四大副刊中的《覺悟》是比較早就採用副刊合訂本形式的，在1922年5月10日《晨報副鐫》第四版的廣告欄內有《覺悟彙刊》的廣告，「從一九二零年七月起，每月彙訂成冊。每冊內容三十餘萬字，定價三角。前年七八九十一及去年一月的已賣完，今年三月的已訂好，欲購的從速。」從這些交換廣告就可見當時的文藝副刊都是十分重視副刊合訂本發行工作的。

《京報副刊》、《語絲》和《猛進》等刊物大多都是八開八版的，每版由

〔註16〕周作人：《語絲的體裁》致林語堂信，《語絲》第54期，第39版。

實行的是短行制，所以一個版面可以分成三個部分。這樣的版面編排可以免除讀者在閱讀時由於視覺的單調而產生的厭煩心理，同時也便於裝訂成合訂本的樣式。孫伏園十分注意讀者對版式的意見，孫伏園在 1925 年 2 月 27 日《京報副刊》中的《編餘閒談》一文中特意提到了有關合訂本目錄的印刷，我認為十分重要。他說：「自上月起，本刊目錄另頁印刷。上月目錄也經隨報分送，但頗有幾位來函竟云尚未收到者。特此奉告未收到上月目錄諸君，請賜函本刊編輯部，以便補奉。」〔註 17〕其實，早在《京報副刊》第十七號中就有讀者給孫伏園來信，信中說：「……及至《京副》出世時，我因為別的緣故，沒有即刻和她會面。後來，過了七八天以後，我才訂了一份京報，才和她會面。可是，以前的沒有，簡直把我急壞了！……現在對她有幾句話說：……2，愛讀『京副』者，都要合訂。但是自己訂既不美，又不便，而且沒有印的封面。因為這個緣故，我希望京報館承訂，辦法如次：A 愛讀者，每月終，將至本館代訂。B 並付代價若干，寄費若干，務廉為要！C 注明人名地址。3，每月終，另印目錄一張，訂於卷首以便查閱。」孫伏園在信後回復說：「『京副』合訂本是有的，託本館代訂一層大約也可以辦到，現在已向經理處商議手續了。」而之後的第四十七號也就是發行於 1925 年 1 月 31 日的《京報副刊》上面也有記者特意加上的大號字體的說明：「自本月起，本刊目錄另頁印刷，仍夾入副刊附送，附送時另有布告。」《京報副刊》第二冊合訂本就採用了「目錄另頁印刷」的方式，合訂本目錄的出現，就是《京報副刊》從報刊到雜誌媒介性質轉換的標誌性象徵。

　　日報副刊合訂本相比較日報副刊日刊的優勢在於報刊副刊日刊是以隨報紙附送的形式每天與讀者見面，這種每天某個時間段以一定的、有限的信息容量傳遞為特徵的媒介在隨著大發行量的報紙日刊深入廣泛的影響社會群體的同時，也具有自身的媒介弱點，比如說不容易保存、發行空間範圍有地域限制，尤其是在刊發長篇文章時受到信息承載量的限制等等，而對於副刊合訂本來說完全不存在這些問題，就如同孫伏園所說的：「……（副刊）所述文藝學術兩項，自然不能全是短篇。如果把合訂本當作雜誌看，那麼，一月登完的作品並不算長，只要每天自為起訖，而內容不與日常生活相差太遠，雖長也是不甚覺得的；因為有許多思想學術或人情世態，決不是短篇所能盡，而在人們的心理，看厭了短篇以後，一定有對於包羅的更豐富，描寫的更詳

〔註17〕孫伏園：《編餘閒談》，《京報副刊》，1925 年 2 月 27 日，第 8 版。

盡的長篇的要求的。」〔註18〕這是孫伏園從人們的閱讀心理出發來談到了副刊登載長篇文章和副刊合訂本出現的必然性。早在 1922 年 11 月 11 日《晨報副鐫》第四版中有孫伏園的《編餘閒話三則》，其中他指出：「本刊的長篇太多，久已爲人詬病，記者自己也知道的。有許多讀者，一看見『續』與『未完』兩字，那便題目無論如何動人，也沒有看他的勇氣了。不過討論學問的文章，即問題極其狹小，也不能只用數百字乃至千數字便說得圓滿。……究竟副刊的讀者不是天天更換，不是今天看了副刊明天就不看了，那麼如果希望著作者把文中意義說得格外豐富圓滿，自非讓他多做長篇不可，讀者何妨稍微耐點性子，一天天的往下看去。」報紙副刊合訂本的出現，改變了原來的媒體屬性，完成了從報刊向雜誌的媒介轉換。從讀者方面來說，現在已經不用像孫伏園說的那樣「耐著性子，一天天的往下看去」了，帶給讀者的不光是實物保存上的方便，更是閱讀上的便利，完成了從讀報紙到讀書的閱讀轉換，在一定程度上改變了他們的閱讀習慣。從此，有系統的、連續性的、大容量的學術、文藝作品以及時間跨度較大的相互辯駁的雜感類文字在副刊日刊上發表時，人們可以得由報刊合訂本而滿足閱讀欲望，不至於有意猶未盡的感覺。讀者對副刊合訂本這個新的媒介形式無疑是十分歡迎的，在 1922 年 5 月 9 日的《晨報副鐫》第四版內有讀者來信：「朋友們！你們如肯把晨報附刊第一二三冊（即去年十月十一月十二月），割愛寄我，我即將原價用郵花寄上。通信處——浙江桐鄉農校。來件望示通信處，以便寄上郵花。」而在《京報副刊》內也經常有類似的讀者來信要購買別人合訂本的事情。

孫伏園早在《晨報副鐫》的時期就注重合訂本的發行工作，在北京的日報副刊界，《晨報副鐫》是比較早就出了合訂本的。從孫伏園改革《晨報》第七版，《晨報副鐫》獨立刊行後就出現了。在 1921 年 10 月 31 日最後的附頁廣告的顯目位置上就出現了諸如「一九二一年十月份晨報附刊合訂本　第一冊　訂價二十枚　晨報發行部發行」的廣告。在 1921 年 11 月 18 日之後《晨報副鐫》第二第三版的中縫內幾乎天天都有合訂本第一冊的廣告，到了 1921 年 12 月 14 日中縫廣告內第一次說明了《晨報副鐫》第一冊合訂本的已經銷售完畢，第二冊仍然有銷售。而到了 1921 年 12 月 12 日，中縫廣告上第一次出現了郵購的說明「……二冊郵票二十三分，寄費在內」，在 1921 年 12 月 20 日的中縫廣告中，也有：「……外埠函購，請寄郵票二十五分，寄費在內」。

〔註18〕孫伏園：《理想中的日報附張》，《京報副刊》1924 年 12 月 5 日，第 2 版。

這類廣告消息是很重要的，因為通過郵購的方式，副刊合訂本可以像書籍一樣在更大的地域範圍內得以銷售。副刊合訂本的形象和性質由此發生了巨大的變化。

《晨報副鐫》的廣告發行人員顯然也對這個問題有一定的認識，在 1921 年 12 月 30 日的第二三版的中縫廣告中以及在 12 月 31 日的附頁廣告中，在介紹了副刊合訂本第一第二冊均已經售完後，又說「本京閱者，可囑本報送報人代買；外埠函購，請示詳細地址，並封郵票二十五分，寄費在內，本館即當將書寄奉」。從「將書寄奉」四個字可見，這個時候副刊合訂本已經是當作書籍在晨報發行部售賣了。而為了擴大合訂本作為書刊銷售的業務渠道，在 1922 年 2 月 3 日，在《晨報副鐫》的中縫合訂本廣告內除了以前的內容外又出現了：「……外埠代派，不折不扣，零售時准其酌加郵費。」這已經是在外埠尋找分代售處了。這之後幾乎每天的第二第三版中縫廣告欄內都有關於合訂本的銷售廣告。在 1922 年 6 月副刊合訂本，也就是《晨報副鐫》合訂本第九冊的附頁上定價發生了變化，「（一）本京　三十枚　（二）外埠　（1）國內與日本　郵票二十五分 （2）歐美各國　本國郵票三十五分　發行者　北京晨報社　印刷者　明明印刷局　一九二二年七月五日發行」。從這個說明中可以看出，由於副刊合訂本相對報紙日刊的媒介優勢，它的售賣範圍是越來越大、影響範圍越來越廣，已經擴展到了日本和歐美。而對日報副刊來說，是不可能有如此廣大的發行面和影響力的。同時，我們也可以看出，副刊合訂本的印刷工作一般說來是在下一個月 5 號完成並開始發行工作。這樣也保證了副刊信息的及時性和有效性。到了 1922 年 9 月 5 日發行的 8 月份的《晨報副鐫》合訂本價格又發生了變化，本京從三十枚變成了大洋二毛。而到了 1924 年 1 月份副刊合訂本廣告附頁中，又有更改價目的通知：「本合訂本發行，已歷兩年餘，備受各界歡迎，殊深榮幸。但近來紙價高漲，工資增加，原定售價，不敷成本太巨。酌量再三，唯有略事增加，彌補損失。在諸君所費無多，而敝副鐫得以維持久遠，進行無礙，想亦諸君所樂許也。」在隨後的定價單上規定，每冊是三角，為了推銷，六冊是一元六角，十二冊是三元整。並規定：「外埠訂購三冊以內可用三分以下郵票代價九五折算三冊以上均收現款」。郵費也相應的變更為每冊「本京二分，國內（蒙古新疆青海西藏另算）及日本是三分，其他各國是一角二分」。（由於篇幅和讀者群大體相同而為了爭奪文化市場，後來的《京報副刊》也把合訂本的價格定為三角。）有關《晨

報副鑴》合訂本的中縫廣告一直做到 1922 年 10 月 9 日，此後中縫裏就沒有關於副刊合訂本的廣告了，可見這個時候，《晨報副鑴》合訂本的品牌推廣工作已經初步完成了。

　　孫伏園推銷副刊合訂本廣告策略十分高明，在他主持《晨報副鑴》階段，他就經常在報上發表一些讀者迫切要求購買副刊合訂本的信件，或者是發佈一些極具廣告效力的「副刊部啓事」，比如在 1922 年 6 月 15 日《晨報副鑴》第四版中有「本刊特別啓事」，其中說到：「（一）一二三月份的副刊合訂本均已售完。對於購閱諸君，除將郵票寄還以外，特此通告。（二）二三月份，不知有肯割愛者否，託本社代爲徵求者甚多，如願出讓，請交送報人帶回，至發行部領取原價。（三）四五月份尚有數本餘存，購者請從速。」在 1923 年 2 月 25 日的《晨報副鑴》第四版廣告欄內有這樣的《本報通告》：「本報副刊合訂本。久爲閱者所鑒賞。每月雖通行加印。奈終不敷分配。後至者每多向隅。刻下以前副刊。所存甚少。而外間來函相購。仍行不絕。敝社對此，極爲抱歉。況函札往還，多感不便。茲特將所剩副刊。開列於後。即請。愛閱諸君按照所有者購買爲幸。十一年　四月份十月份十一月份　十二年　一月份」。1923 年 6 月 26 日副刊部啓事：「五月份的副刊早售完了，務請愛讀諸君勿再來信購買爲要。」這樣的啓事，顯然具有兩方面作用，其一是傳遞了有關副刊合訂本發行的信息，最重要的是在無形中給副刊合訂本的銷售增加了「賣方市場」的優勢心理，這也是孫伏園爲副刊合訂本可以在更廣大地域範圍和更短的時間內獲得好的銷售成績和更深入的品牌聲響所進行的「造勢」宣傳。

　　由於《京報副刊》是隨《京報》免費奉送的，所以，對於那些沒有訂《京報》的人，孫伏園爲了擴大《京報副刊》的影響，是大力推薦合訂本的。在《京報副刊》第三十五號上，有孫伏園答讀者的一封信，其中提到：「楊文蔚等諸先生：副刊不能單定，但每月底有合訂本，即全份京報定價亦甚廉，殊無單定副刊之必要，委問圖畫周刊可以單定與否一節亦恕不轉問了。」從信件的擡頭稱呼就可以看出來，孫伏園並不是對單個的讀者發言的，一定是他同時還接到了很多類似的疑問，因此一併答覆的。孫伏園不但替他的老闆邵飄萍的《京報》做了廣告，而且更爲關鍵的是推銷了《京報副刊》的合訂本。在每個月月底的時候，都有對上個月合訂本銷售的廣告，比如在第四十三號的《京報副刊》上就有用二號黑體字顯目的標出「本刊合訂本去年十二月的已發行」，而在第八十五號上面又有了記者頗有自豪的聲明：「本刊合訂本第

一冊早經售完，連日尚有紛紛來社購買者，特此通告，並且道歉。」之後又連續三天登出了同樣的廣告。在 1925 年 3 月 30 日，孫伏園又用二號大字在《京報副刊》上發表本刊特別啟事，其中說到：「二月份本刊合本，已經裝成發售，購者務請從速。一二冊均售完，印刷部方面一時無暇再版，不勝歉疚。」即使到了後來五卅慘案發生後，《京報副刊》的篇幅讓給清華學生會去編時，孫伏園都沒有忘記了在第八版上給合訂本做廣告，在 1925 年 6 月 16 日《京報副刊上海慘劇特刊》第八版上，孫伏園都沒有忘記提醒讀者「請購上月副刊合訂本」，並指出：「上月副刊合訂本早經裝成，同人等因國事匆忙，無暇同高，茲已將售完，忽然想著，特再奉聞，務望愛讀諸君從速購閱，如仍有向隅之憾，記者可不能負責了。」在國事匆忙的時候，副刊的篇幅都讓給高校主辦的時候，孫伏園「忽然想起」的仍然是副刊合訂本的發行工作，可見他對合訂本工作的重視是一貫的。

尤其是在副刊合訂本的業務運作上，孫伏園完全是把合訂本當作書刊雜誌來進行銷售的。合訂本既然單獨從報紙副刊日刊中獨立出來而具有了雜誌的品行，那麼對合訂本的運作也要按照雜誌來進行。而這種影響力大、覆蓋面廣的刊物有一個相對報刊日刊很顯著的區別就是廣告的增多。早在 1923 年 7 月份的《晨報副鐫》合訂本首頁上刊登了兩則廣告，都是晨報副刊社自己給自己做的廣告，其中「招登插頁廣告」一欄下這樣說到：「全國最大之定期出版物，銷行最廣 —— 最多 —— 最速 —— 刊費極廉 —— 效力極大 —— 又可保存久遠 —— 實在是登廣告之絕好機會！！！晨報自創辦以來，銷數日漲，信用日厚，已為北方言論界之中心。去年所刊行之《晨報副鐫合訂本》，為中外各界人士所愛讀。現時每月銷數，竟達一萬份之多，實為我國出版界空前之盛。近因商界諸君來函商請登載廣告者甚多，本報為應社會上之需要起見，特自本年七月起，在《晨報副鐫合訂本》上，另加篇幅，刊登廣告。」同時另外一則「副鐫部啟事」的廣告內這樣說到：「……此後本刊一切無條件的交換廣告，應暫停止。此啟。再者本刊合訂本銷數飛漲，廣告效力甚大，自下月起，擬在合訂本中增加廣告數頁。上述章程，只限於出版品，但如有各大商鋪，以及一切文具服食器用等等，欲登本刊合訂本廣告者，亦請直接向本報廣告部接洽，創辦伊始，價目自當格外優待也。」而在具體的發行渠道的擴張方面，也借鑒了書籍的銷售經驗，在 1923 年 7 月份的《晨報副鐫》合訂本末頁上刊登了副刊合訂本廣告價目表以及發行渠道，總髮行所是晨報社發

行部，外埠分售處則分佈在 11 個省 14 個城市，具體則是天津、保定、直隸順德、太原、開封、濟南、成都、重慶、武昌、長沙、南昌、南京、廣州和昆明。（後來南昌沒有另設，到 1924 年 2 月增加了河南信陽，同年 5 月，分代售處又增加了直隸深澤，山西聞喜，陝西西安，上海，紹興，潮州，長春。）在 1923 年底在北京分代售處有：東城的新智書社、瀛賢書社，南城的福生祥紙莊、京華教育用品公司、高師工讀販賣部和養拙齋，西直門外的清華學校書報社，共七處，到了 1924 年 2 月份的時候，又增加了一個東亞書社。而在孫伏園去了《京報副刊》之後，在京的《晨報副鐫》的分代售處減少為六家（福生祥紙莊和養拙齋退出）。而從 1923 年 5 月份到 1924 年底，外地的分代售處的數目從 15 家猛增到 32 家，而增加的大多都是全國重要城市的有聲譽的書社或書局。

在書局對副刊合訂本銷售的推動方面，與《京報副刊》關係最大的就是成立於 1925 年 3 月的北新書局。在《京報副刊》1925 年 9 月 12 日，第三版和第六版中縫上刊登了「北新書局廉價書目」，其中關於刊物總共有三個：立達季刊（劉大白等主撰）、法院季刊（廣東大學出版）和京報副刊月訂本（孫伏園主編）。我們不難從中看出北新書局與《京報副刊》的密切關係。北新書局作為新文化運動中與周氏兄弟來往密切的書局，李小峰作為魯迅的學生，通過書局的發行渠道來擴大新文化運動中興起的作家作品的影響力已經是司空見慣的了，但是作為報紙日刊的合訂本，《京報副刊》合訂本也作為北新書局廉價銷售的書目以北新的名義來售賣，北新書局與京報社關於《京報副刊》合訂本的銷售關係卻是引人注意的問題。北新書局是《京報副刊》合訂本的總代售處，到了 1925 年 10 月份，在二十六個大中城市有了《京報副刊》合訂本的分代售處，分別是北京、天津、上海、保定、大名、邢臺、開封、南昌、杭州、濟南、沁陽、汲縣、太原、西安、南京、蕪湖、武昌、寧波、廣州、潮州、長沙、成都、昆明、紹興、涪州（涪陵）和重慶，外埠的分代售處更是達到了 45 家之多。在北京的分代售處除了北新書局以外，還有：北大出版部、北大一二三院號房、中大出版部、師大號房、大東書局、晨報社、青雲閣富文齋、市場新華書局、市場佩文齋、勸業場東亞書局和中央公園大東書局，總共十二家。書局在其中大約只佔了一半左右，這是因為北京的一部分高校利用地域上、服務上的便利而獲得了銷售上的優勢；但是在外地，幾乎都是書局在《京報副刊》合訂本的發行工作中起著決定性的作用，比如

在天津共有四處分代售處：大胡同中華書局、南開華英書局、西開世界圖書局和西北城角博古書局，全是由書局來推進副刊合訂本的發行工作。因此，在政局不穩定的社會背景以及通訊和交通不發達的時代環境限制下，報紙徵訂的範圍可能是有限的，影響面因此也不太可能非常大。但是副刊合訂本的出現改變了這個面貌，通過以遍佈在全國各地的書局為發行網絡，副刊合訂本借助於新的銷售渠道很快的得以發揮自身的媒介優勢，並影響到越來越多的社會閱讀群體。

總之，副刊合訂本的出現是副刊發展史上極其重要的一個環節，正是副刊合訂本改變了副刊日刊原有的報紙屬性而變更為雜誌書籍屬性，極大地改變了讀者傳統的閱讀習慣和認知方式，並且借助於現代化書局完善的銷售渠道擴大新文化運動的影響，在民眾思想啟蒙、現代觀念構建過程中極大的發揮並放大了文藝副刊的作用。而本書對《京報副刊》合訂本的媒體屬性的變更和銷售渠道的擴展的考察也是在學界首次提出這個問題，以供學界討論。

結　語

　　我們應該注意到對副刊的研究，尤其是像《京報副刊》這樣綜合性副刊的研究本身是一項充滿了複雜性且難度很高的工作。它不僅僅需要對副刊所生長的歷史語境有深刻的認識，而且在面對浩如煙海的文本時要保持充分的清醒，不能淹沒在雜亂無章的資料中。同時，在對材料進行梳理提煉的時候，要有相當的理論概括和闡釋能力，要在理論模型的建構中將資料與理論進行有機的結合，否則不是流於對歷史表象的浮泛敘述，就是造成資料與理論的嚴重脫節。

　　本篇論文對《京報副刊》作為一個歷史文化生命主體所作的研究，歷史的考察了編輯孫伏園的精神成長和變遷，縱向的說明了他編輯思想的成熟和表現。同時，在歷史的橫截面上，論文緊緊的抓住《京報副刊》與同時期其它刊物進行全方位的比較，這樣一來，點面結合就在歷史的坐標系上準確的刻畫出了《京報副刊》精神面目和文化品格的變遷印記。尤其是在論述《京報副刊》精神變遷過程中，將布迪厄有關「場域」理論的引入以及對知識分子共同體分化重組的論述都是在《京報副刊》研究領域內的一種嶄新的嘗試，而這樣的理論模式在對諸如「青年必讀書目」的文化解讀中也發揮了重要的作用並提出了全新的看法。出於對文藝副刊是一個完整生命主體的認識，本書也對《京報副刊》的廣告欄進行了細緻的研究並取得了一些資料上的收穫。在有關副刊合訂本問題上，在學界也是首次提出，值得進行進一步的研究與討論。與此同時，由於新的研究對象的確立和新的理論框架的引入也必然會帶來新的觀點和材料，本書在資料方面也盡可能在尊重歷史文化原生態的前提下做好更深廣的挖掘工作。

　　由於本書是學界第一篇對《京報副刊》進行全面研究的論文，缺點和錯誤也在所難免，也期待專家學者的進一步批評、指導。

參考文獻

一、資　料

1. 《京報》與《京報副刊》。
2. 《晨報》與《晨報副刊》（1921 年 10 月～1928 年 6 月）人民出版社 1981 年影印本。
3. 《新青年》。
4. 《語絲》。
5. 《現代評論》。
6. 《莽原》。
7. 《猛進》。
8. 《新潮》。
9. 《國學季刊》。
10. 《國民公報》。
11. 《華國月刊》。
12. 《北京大學研究所國學門周刊》。
13. 《新月》。
14. 《申報》。
15. 《少年中國》。

二、著　作

1. 〔德〕哈貝馬斯：《公共領域的結構轉型》，曹衛東等譯，學林出版社 1999 年版。
2. 〔法〕布迪厄，〔美〕華康德：《實踐與反思：反思社會學導引》，李猛等譯，中央編譯出版社 1998 年版。

3. 〔法〕布迪厄：《藝術的法則：文學場的生成和結構》，劉暉譯，中央編譯出版社 2001 年版。

4. 〔法〕布迪厄：《文化資本與社會煉金術》，包亞明譯，上海人民出版社 1997 年版。

5. 〔美〕史華慈：《古代中國的思想世界》，程鋼譯，江蘇人民出版社 2004 年版。

6. 〔美〕費正清，賴肖爾：《中國：傳統與變革》，陳仲丹譯，江蘇人民出版社 1995 年版。

7. 〔英〕約翰·B·湯普森：《意識形態與現代文化》，高銛等譯，譯林出版社 2005 年版。

8. 〔英〕安東尼·吉登斯：《現代性與自我認同》，趙旭東等譯，生活·讀書·新知三聯書店 1998 年版。

9. 〔英〕齊格蒙特·鮑曼：《流動的現代性》，歐陽景根譯，上海三聯書店 2002 年版。

10. 〔德〕卡爾·曼海姆：《卡爾·曼海姆精粹》，徐彬譯，南京大學出版社 2002 年版。

11. 〔法〕P·布爾迪約，帕斯隆：《再生產：一種教育系統理論的要點》，刑克超譯，商務印書館 2002 年版。

13. 〔美〕周策縱：《五四運動史》，陳永明等譯，嶽麓書社 1999 年版。

14. 〔美〕周明之：《胡適與中國現代知識分子的選擇》，雷頤譯，廣西師範大學出版社 2005 年版。

15. 〔意〕安東尼奧·葛蘭西：《獄中札記》，曹雷雨等譯，中國社會科學出版社 2000 年版。

16. 張靜廬：《中國現代出版史料》乙編，中華書局 1955 年版。

17. 張菊香、張鐵榮編：《周作人年譜》，天津人民出版社 2000 年版。

18. 魯迅博物館、魯迅研究室編：《魯迅年譜》，人民文學出版社 2000 年版。

19. 魯迅：《魯迅全集》，人民文學出版社 1981 年版。

20. 魯迅博物館、魯迅研究室、《魯迅研究月刊》編：《魯迅回憶錄》，北京出版社 1999 年版。

21. 李澤厚：《中國思想史論》，安徽文藝出版社 1999 年版。

22. 賈植芳主編：《中國現代文學社團流派》，江蘇教育出版社 1989 年版。

23. 李歐梵：《現代性的追求》，三聯書店 2000 年版。

24. 李歐梵：《李歐梵自選集》，上海教育出版社 2002 年版。

25. 李歐梵：《上海摩登——一種新都市文化在中國 1930～1945》，毛尖譯，北京大學出版社 2001 年版。

26. 林毓生：《中國傳統的創造性轉化》，三聯書店 1996 年版。

27. 王德威：《想像中國的方法》，三聯書店 1998 年版。

28. 陳萬雄：《五四新文化的源流》，三聯書店 1997 年版。

29. 汪暉、陳燕谷主編：《文化與公共性》，三聯書店 1998 年版。

30. 丁帆：《重回「五四」起跑線》，人民文學出版社 2004 年版。

31. 丁帆等：《中國大陸與臺灣鄉土小說比較史論》，南京大學出版社 2001 年版。

32. 王彬彬：《風高放火與振翅灑水》，人民文學出版社 2004 年版。

33. 王彬彬：《城牆下的夜遊者》，福建人民出版社 2001 年版。

34. 沈衛威：《無地自由——胡適傳》，上海文藝出版社 1994 年版。

35. 沈衛威：《胡適周圍》，中國工人出版社 2003 年版。

36. 張光芒：《啓蒙論》，上海三聯書店 2002 年版。

37. 余英時：《中國思想傳統的現代詮釋》，江蘇人民出版社 2003 年版。

38. 陳平原：《文學的周邊》，新世界出版社 2004 年版。

39. 陳平原：《小說史：理論與實踐》，北京大學出版社 1993 年版。

40. 陳平原、〔日〕山口守編：《大眾傳媒與現代文學》，新世界出版社 2003 年版。

41. 胡傳勝：《自由的幻象——伯林思想研究》，南京大學出版社 2001 年版。

42. 周憲：《審美現代性批判》，商務印書館 2005 年版。

43. 陳以愛：《中國現代學術研究機構的興起——以北大研究所國學門爲中心的探討》，江西教育出版社 2002 年版。

44. 錢理群：《周作人傳》，北京十月文藝出版社 2005 年版。

45. 金耀基：《從傳統到現代》，中國人民大學出版社 1999 年版。

46. 朱正：《周氏三兄弟的三種價值取向》，東方出版社 2003 年版。

47. 朱國華：《權力的文化邏輯》，上海三聯書店 2004 年版。

48. 吳海勇：《時爲公務員的魯迅》，廣西師範大學出版社 2005 年版。

49. 韓石山：《少不讀魯迅 老不讀胡適》，中國友誼出版公司 2005 年版。

50. 姜義華：《理性缺位的啓蒙》，上海三聯書店 2000 年版。

51. 吳中傑：《中國現代文藝思潮史》，復旦大學出版社 1996 年版。

52. 王曉明主編：《批評空間的開創》，東方出版中心 1998 年版。

53. 沈衛威：《自由守望——胡適派文人引論》，上海文藝出版社 1997 年版。

54. 汪暉：《無地彷徨》，浙江文藝出版社 1994 年版。

55. 孫郁：《魯迅與周作人》，河北人民出版社 1997 年版。

56. 錢理群：《心靈的探尋》，北京大學出版社 1999 年版。

57. 曹聚仁：《文壇五十年》，東方文化出版中心 1998 年版。

58. 曹聚仁：《魯迅評傳》，東方出版中心 1999 年版。

59. 王富仁：《王富仁自選集》，廣西師範大學出版社 1999 年版。

60. 孫伏園等：《魯迅先生二三事 —— 前期弟子憶魯迅》，河北教育出版社 2001 年版。

61. 姜義華主編：《胡適學術文集·新文學運動》，中華書局 1998 年版。

62. 韓石山：《徐志摩傳》，北京十月文藝出版社 2001 年版。

63. 方漢齊：《報史與報人》，新華出版社 1991 年版。

64. 方錫德：《中國現代小說與文學傳統》，北京大學出版社 1992 年版。

65. 葛兆光：《思想史研究課堂講錄》，三聯書店 2005 年版。

66. 林賢治：《魯迅的最後十年》，中國社會科學出版社 2003 年版。

67. 顧肅：《自由主義的基本理念》，中央編譯出版社 2003 年版。

68. 陳旭麓：《近代中國社會的新陳代謝》，上海人民出版社 1992 年版。

69. 朱成甲：《李大釗早期思想與近代中國》，人民出版社 1999 年版。

70. 趙家璧等：《編輯生涯憶魯迅》，河北教育出版社 2001 年版。

71. 王躍：《變遷中的心態 —— 五四時期社會心理變遷》，湖南教育出版社 2000 年版。

72. 費孝通：《鄉土中國》，三聯書店 1985 年版。

73. 余英時：《士與中國文化》，上海人民出版社 1987 年版。

74. 陳平原：《中國小說敘事模式的轉變》，上海人民出版社 1988 年版。

75. 許紀霖：《許紀霖自選集》，廣西師範大學出版社 1999 年版。

76. 李新、李宗一主編：《中華民國史》，中華書局 1987 年版。

77. 曾華鵬：《現代作家作品論集》，江蘇文藝出版社 2004 年版。

78. 陳子展：《中國近代文學之變遷 最近三十年中國文學史》，上海古籍出版社 2000 年版。

79. 徐德明：《中國現代小說雅俗流變與整合》，社會科學文獻出版社 2000 年版。

80. 商金林編：《孫伏園散文選集》，百花文藝出版社 1991 年版。

81. 紹興縣政協文史資料工作委員會、紹興魯迅紀念館編：《孫伏園懷思錄》，浙江省新聞出版局 1994 年版。

82. 劉增傑、趙福生、杜運通：《中國現代文學思潮研究》，河南大學出版社 1996 年版。

83. 錢理群：《精神的煉獄 —— 中國現代文學從「五四」到抗戰的歷程》，廣西教育出版社 1996 年版。

84. 嚴家炎編：《二十世紀中國小說理論資料》第二卷，北京大學出版社 1997 年版。

85. 楊義：《楊義文存》，人民出版社 1998 年版。

86. 袁景華：《章士釗先生年譜》，吉林人民出版社 2001 年版。

87. 李霽野：《李霽野文集》，百花文藝出版社 2004 年版。

88. 程光煒主編：《文人集團與中國現當代文學》，人民文學出版社 2005 年版。

89. 程光煒主編：《大眾媒介與中國現當代文學》，人民文學出版社 2005 年版。

三、論　文

1. 陳平原：《〈新青年〉雜誌研究》，《中國現代文學研究叢刊》2002 年第 3、2003 年第 1 期。

2. 呂周聚：《魯迅研究的進展與突破 —— 2002～2003 年魯迅研究著作述評》，《魯迅研究月刊》，2004 年 7 月。

3. 袁良駿：《再談『五四』文學革命的歷史功過》，《魯迅研究月刊》，2004 年 9 月。

4. 陳方競：《關於『世界主義』問題 —— 五四新文化（文學）運動中心的多重對話》，《魯迅研究月刊》，2003 年 7、8、9、10 月。

5. 周海波：《文化傳播視野中的魯迅文學創作》，《魯迅研究月刊》，2003 年 1、2、3 月。

6. 朱正：《異中有同》，《魯迅研究月刊》，2002 年 2 月。

7. 徐改平：《結集在〈新青年〉以前的胡適與魯迅》，《魯迅研究月刊》，2002 年 2 月。

8. 錢理群：《魯迅與現代評論派的論戰》，《魯迅研究月刊》，2002 年 11 月。

9. 劉增人：《現代文學期刊的景觀與研究歷史反顧》，《中國現代文學研究叢刊》，2005 年第 6 期。

10. 余榮虎：《萍蹤偶聚　本爲『道』同 —— 胡適、徐志摩與英美派》，《新文學史料》，2005 年第 4 期。

11. 黃修己：《全球化語境下的中國現代文學研究》，《文學評論》，2004 年第 5 期。

12. 孔範今：《論中國文學的現代轉型與文學史重構》，《文學評論》，2003 年第 4 期。

13. 范伯群：《論「都市鄉土小説」》，《文學評論》，2002 年第 3 期。

14. 劉川鄂：《「五四」啓蒙思潮與自由主義文學》，《文學評論》，2002 年第 3 期。

15. 沈衛威：《整理國故與新文學的互動》，《文學評論叢刊》，第 8 卷第 2 期。

16. 許紀霖：《都市空間視野中的知識分子研究》，《天津社會科學》，2004 年第 3 期。

《京報副刊》目錄全編

陳　捷　整理

說明：

1. 本目錄依據的資料來源於南京大學圖書館、復旦大學圖書館和國家圖書館。
2. 本目錄以文章內容題材以及文學體裁爲依據，以刊發日期爲序將發表於《京報副刊》上的所有文章分爲文藝散文類、小說類、詩歌類、戲劇類、啓事類、思想學術類、文化批評類等七大類。
3. 連載文章在發表日期項目下只記錄首發日期和截止日期。

篇 目	作 者	發表日期
（文藝散文類目錄）		1924 年 12 月
買燒餅	沅君	5
上午	曙天女士	6
一夜北風緊裏的我	拂嵐	6
航空談片	毛麟角	7
夢要消了	培良	11
相思子	培良	12
從軍日記	謝文翰	12～22、31
「外公」與「老外公」	拂嵐	17
弔雷峰塔	孫福熙	31
		1925 年 1 月
清宮參觀記	江問漁	4、5
斷片的回憶（1～7）	曙天女士	4～12
小別贈言	章衣萍	14
我是藝術品	龔鈺	14
影的苦悶	李遇安	16
山頭上的火	金滿成	22
血滴	董作賓	30
		1925 年 2 月
送竈	夏葵如	1
除夕	益清	5
無聊	龔鈺	5
瑣碎的記載清故宮（1～6）	魏建功	6～24
「裝飾化妝與美」	革老觀	10
隆宗門的箭簇	馬隅卿	19
創傷（1，2）	高長虹	23～24
五分鐘的佇立	學昭	26
殺鼠記	許欽文	28
		1925 年 3 月
創傷（3～8）	高長虹	1～31
故宮雜記（1～4）	莊尚嚴	5～12

篇　　目	作　者	發表日期
麵包歌（仿燒餅歌體）	芙蓉子	6
嘲笑皇帝末路的一首歌謠	陳仲益	7
死嬰（1～3）	霽野	17～19
瑣碎的記載清故宮（7～9）	魏建功	22
斷片的回憶（8～9）	曙天	30～31
		1925 年 4 月
「你也要傷心吧」——憶高君宇	川島	3
我的頭髮	學昭	4
無聊	學昭	7
斷片的回憶	曙天女士	7～20
清明	張友鸞	8
西湖畫信	孫福熙	9
		1925 年 4 月
雲雀與水蓮的故事	露茜	17
故宮雜記（續）	莊嚴	17～30
創傷（9～12）	長虹	24～30
瑣碎的記載清故宮（10）	魏建功	27
一抓葡萄（法朗士著）	金滿城譯	28
		1925 年 5 月
日本行	陳錫侯	2～8
西湖畫信	孫福熙	4～25
煙霞伴侶	學昭	2～28
曼筠	默默	2
雁聲	伍誠周	6
瑣碎的記載清故宮	魏建功	8～10
礦蜂（昆蟲故事）	林蘭女士	26～31
沸騰	長虹	28
蝴蝶窠	欽文	30
昆明湖畔	陳劍非	30
		1925 年 6 月
給 LN 君	魯彥	1
記曹仲華	汪震	2～7

篇　　　目	作　　者	發表日期
煙霞伴侶	學昭	2
畸人語	金滿成	3
西湖畫信（6）	孫福熙	22
		1925 年 7 月
西湖畫信	孫福熙	1～12
赤俄印象記（增田正雄著）	如囚譯	10～18
煙霞伴侶	學昭	10～30
清明之夜	龔家珍	11
熱血歌（歌譜）	黎錦暉	11
畸人語	金滿成	16～31
第一次航空飛行的經歷	楊立賢	16
雨聲	胡然	21
瑣碎的記載清故宮	魏建功	25～30
雨	CCW	30
		1925 年 8 月
一個傍晚	大澄	1
暑天閒談	陸鼎蕃	3～29
野草（丹麥愛華爾特著）	李小峰譯	4～5
畸人語	金滿成	4～20
煙霞伴侶	學昭	5～29
零碎話	逋客	6
孤島上的於哥住屋	孫福熙	12
漂流在北京城中	逋客	15
北京乎！	孫福熙	15
歸航	春臺	18～31
樹林和野草（丹麥愛爾華特著）	李小峰譯	21
所思	申府	24
捉蟋蟀	湘貞	25
訪問雜記	學昭	25
金生	冉廣文	26
		1925 年 9 月
歸航	春臺	1～30

篇　　　目	作　者	發表日期
深刻的印象	健希	1～3
煙霞伴侶	學昭	5～30
所記	尚鉞	7
二狂人	桑蒂	19
秋深憶盛夏 —— 一九二三年的 ——	寶韓	19～22
		1925 年 10 月
今夜月	孫福熙	2
吃粽子 —— 呈疑古玄同先生 ——	伏園	2
白雲庵	學昭	2
今晚漪瀾堂的花盒	春臺	2
煙霞伴侶	學昭	4
故鄉 ——	胡其清	6
佳節	學昭	12
歸航	春臺	14～31
學父親的兒子！（攝影並序）	舒新城	17
反應	長虹	18～24
憶 —— 君	培良	22
北海浴日	學昭	25
出遊	春臺	26
歸思	綠藻	26
登高	墨卿	26
小小盒兒小小蓋	春臺	30
重九憶徐州	魏鶴軒	31
		1925 年 11 月
等著的夢	尚鉞	1
故鄉的印象	胡自桂	2～3
小小的梵亞林	昕初	2
懷袁永年	墨卿	2
坍我自己的臺	孫福熙	2～18
夜鶯之美睡	昕初	7
遊明陵歸後	墨卿	8
最後的一夜 —— 紀念我的父親 ——	培良	14

篇　　　目	作　者	發表日期
失敗的創作	金仲芸	15～17
吸煙及吸煙之類的故事	向培良	21
他鄉之感	胡清泉	25
釣魚臺	學昭	27
賑災	青雨	30
間行	學昭	30
黃昏	章澗若	30
		1925 年 12 月
中央觀象臺記遊	孫福熙	1
遊圓明園（附西洋樓攝影四幅）（張競生附記）	毛坤	9
失敗的創作	金仲芸	10～31
郊外碎片	田連渠	15
缺陷的心	張炳鈞	18
半日遊記	無不	18
鄉遊瑣記	于成澤	20～23
寒山	學昭	20
「奉呈失戀與被愛的人們」	寶賢	24
呵一年了！	孫福熙	31
		1926 年 1 月
記夢 —— 紀念適存中學的新年遊藝會 ——	空了	6
呻吟 —— 遙寄 PP 弟弟之三 ——	空了	11
		1926 年 2 月
消息	學昭	9
大家都放起風箏來呵	春臺	11
弛念	墨卿	11
無題	學昭	12
臘鼓聲中的客思	俞宗傑	12
春雪	春臺	18
美化的新年點綴	俞宗傑	18
逛廠甸	焦菊隱	18
雪地裏	學昭	20
大刀燈	墨卿	25

篇　　目	作　者	發表日期
憶道村之夏夜	學昭	28
		1926 年 3 月
游離	長虹	1～11
元夜	學昭	2
鄉遊瑣記	于成澤	5～31
春	學昭	13
春夢	學昭	18
見聞錄	學昭	21
		1926 年 4 月
四月魚	春臺	1
草書紀年	長虹	4～10
北京應有的遊春佳節	春臺	5
踏青	漱岩	5
春宵	學昭	5
最後的著作	長虹	8～10
春裝的中央公園	春臺	8
春山	學昭	11
可惜春裝的中央公園	董威	11
清明的悲哀	蘋子	12
寂寞的春	學昭	13
送春臺南回有感	漱岩	14
清晨——夜晚	吳熙成	14
西車站	松煙	16
昨天	松煙	17
螞蟻的同情	溫蔓菁	17
春	天心	18
京漢道上	孫福熙	22
風影與夢囈	唐勞	22～23

篇　　　目	作　者	發表日期
（小說類目錄）死路	吳隼	1924 年 12 月 6
在江南第一樓	欽文	7、8
衣銀姑娘的死	小酩	9
倒黴的煤	何蔚然	10
風雨中的遭遇	吳鏡堂	11
靴子	怡廬譯	13
消息	曹智官	17
往事	俞聞樵	18
掛號信的運命	培良	19
一封使人安慰的來信	量之	20
油漆匠	寶賢	21
胭脂盒	吳隼	22
斷簡	魏建功	25
遺憾	欽文	27
竹青的死	欽文	28
海的來臨（神話）	焦菊隱譯	30
		1925 年 1 月
渴睡（俄國契訶夫作）	素園譯	5
於卓的日記	欽文	6～8
儐相之夜	曹智官	10
幻戀	欽文	16～19
頑皮的孩子（契訶夫作）	林聲譯	21
卜	王啓仁	22
「又是一年春去也」	建功	29
守歲	吳隼	29
商人	龔鈺	29
幻景	怡菴	30
「原來就是你！」	欽文	31
		1925 年 2 月
漁人之妻 —— 格林兒童故事	畢樹棠	1～2
芳春	湯鍾瑤	3

篇　　　目	作　者	發表日期
春心的美伴	廖仲潛	4～9
土儀（1～5）	高長虹	12～22
印花布棉被	許欽文	14
一封不敢發的信	寒光	15
歲暮	楊曾威	16～17
灰明的春晚	小酩	19
二嫂	金滿成	21
搖椅	欽文	23～24
寒假	聖麟	24
回家的一夕	西和	25～26
殺的滋味的回憶	欽文	1925 年 3 月 3
蒼茫的雨夜	崇軒	5～7
土儀（6～7）	長虹	10～23
三姐	金滿成	20
鬼	龔鈺	26～29
星孩（Oscar Wilde 著童話）	申召棠譯	26～31
土儀（8～12）	長虹	1925 年 4 月 4～27
猴子阿三	欽文	5
依違（1～4）	培良	8～10
零	趙其文	11～12
愛多亞兒童（法朗士著）	金滿城譯	12
淒清的早上	蹇先艾	16
土皇帝之威	一平	21
青仙	欽文	22～23
沙夫表兄	春芝	26～27
風達勒的遮光帽（法郎士著）	金滿成譯	1925 年 5 月 3
他的愛人	子美	10
勒波老人（法郎士著）	金滿成譯	11

篇　　目	作　者	發表日期
國恥紀念日	伍誠周	14
詩人的失戀	徐丹歌	15
一封信	蹇先艾	17
不幸	魯彥譯	22
叔父	欽文	24
幔子下的人們	長虹	26
雨夜	蕭元璋	27
挪揄	聞國新	1925 年 6 月 5
司運命之王德多波許士（法郎士著）	金滿成譯	1925 年 7 月 8
一幕的疑問	寒光	8
資本家的家屬（希伯萊泰夷琪著）	魯彥譯	9
雪女王 —— 安徒生著	林蘭女士譯	10～31
抵家之前（爲「五卅」死者作）	程建磐	18
辭薦	小酩	20
江南好	稚望	23
姊妹（俾萊芝著）	魯彥譯	28
春雲	慧因	1925 年 8 月 3
絞首架（俾萊芝著）	魯彥譯	6
「竟辜負了這一套洋服」！	仙舟	8
零落	袁嘉華	10～21
肚餓與老二	桑蒂	12
復辟	黎錦明	22
一切都過去了（莫泊桑著）	尙鉞譯	24
搬運夫（希伯萊賓斯奇著）	魯彥譯	29
喝白水	黎錦明	1925 年 9 月 3
嚴寒中的春意	羅漢	4
劫難	壽昌	5～14

篇　　目	作　者	發表日期
叟話	丁一	9
壽材	杜若	17
秋風吹來的黃昏	姜華	22
一場試驗	黎錦明	23
煙霧慘淡之中	健希	26～29
		1925 年 10 月
旅蜀日記	羅文漢	1～31
愛人	尙鉞	6～8
不認識的人	尙鉞	13
懊喪	滄波	17
一封書	滄波	29
		1925 年 11 月
旅蜀日記	羅文漢	4～25
交易	墨卿	6～7
娟妹的來信	元度	10
歸家	滄波	13
雪中	張文蔚	15
可憐兒	王衡	17～21
誘引	培良	26
虛僞的項圈（安徒生著）	陳永森譯	27
今後——遙寄 PP 弟弟——	空了	28
和尙	青雨	29
		1925 年 12 月
錐心飲血	徐丹歌	1～2
會見	焦菊隱	7
黃藥	錦明	8～11
贈死	徐丹歌	13～14
一個疑問的人（伏園附按）	翠生	15～17
梅花壩上	黎錦明	16～18
格林童話選	璠譯	20
柿皮	錦明	24

篇　　　目	作　　者	發表日期
老太太的造化	慧劍	28
不速之客	錦明	29
		1926 年 1 月
白眼與笑容	曲廣均	4
花會	墨卿	9～10
一夜	綠藻	9
鄉旅夜話	黎錦明	12～14
夢的方法	曲廣均	16～17
寒夜	陶世璿	17
一篇日記	艾孺鄰	18
上衙門	黎錦明	20～25
對話	于成澤	26
他終於流著淚走了！	于成澤	28
大帥的恩典	李谷詒	30
		1926 年 2 月
回憶	黃仁昌	3
蕉雨	朋其	6～26
新年的聚會	李蔭春	18
倦（伏園附注）	欽文	20
失去的伴侶	葉潤皐	23
		1926 年 3 月
人間的幸福——太陽集之五——	黎錦明	8
哥哥	曲廣均	16～27
		1926 年 4 月
芸窗風雨	王達文	2～10
清明時節	綠藻	5
出門都是上墳人	墨卿	5
李老頭	子約	7～8
醫院	素蕙	10
兵荒馬亂中的一幅圖畫	于天慧	13
意外的函件	春芝	17～19

篇　　　目	作　　者	發表日期
（詩歌類目錄）		1924 年 12 月
甜蜜的回憶	金滿成	5
伐木	汪震	5
高尚生活（散文詩）	魯迅譯	7
夕陽與寒菊並序	伍風	10
冬夜	王蓮友	10
柴門霍甫作《給同胞》	荊有麟	15
無禮與非禮	魯迅譯	16
夢境	羅學濂	18
夜靜	徐芳	22
時當	昕初	25
流光	昕初	29
		1925 年 1 月
游子的夢	張人權	4
我回去了	汪震	7
不期地遇著她	天心	8
不再是我的乖乖	徐志摩	11
隔絕	天心	12
不眠	雷淑	14
夢	天心	17
假如你告訴我	昕初	19
同行曲	衛士生	20
寧靜的時候	朱大枏	22
城上	王蓮友	22
雪霽	徐芳	22
國民會議	林聲譯	29
夜闌	韻笙	30
蛇睛集選	素園譯	31
		1925 年 2 月
惆悵	王蓮友	1
譯丁尼孫詩－Enid	楊天木	2

篇　　　目	作　者	發表日期
給菊妹	羅學濂	4
夕陽染就的春林	琴心	6
陽春非不老	琴心	9
回憶	張永善	10
小兒女心情	潘健卿	15
他們倆	秉雄	17
擬「擬曲」	劉半農	21
露水沾濕了我的衣襟	琴心	22
你怎麼竟如秋風般的殘忍	琴心	24
		1925 年 3 月
在北方雪光裏	潘訓	2
只悄悄的獨自呻吟	琴心	4
		1925 年 3 月
悲哀之果及其他	AA	5
論國民文學的三封信（一）	穆木天	6
同上（二）	鄭伯奇	6
同上（三）散文	周作人	6
心房的小鑰匙（德國民歌）	楊丙辰譯	6
不要說這場奮鬥無益	朱湘譯	9
南歸	朱湘	10
我四望均覺渺茫	琴心	19
讀《玉君》後	囿莊	19
詩四	朱湘	23
雨夜	昕初	24
		1925 年 4 月
大暑	聞一多	1
淚雨（朱湘附識）	聞一多	2
上帝望著我微微的笑	琴心	3
我願	天心	3
「海枯石爛終不相忘」	天心	10
寄一多基相	朱湘	12

篇　　目	作　者	發表日期
你讓我站在這土丘上招魂	梵心	16
從此（散文詩）	焦菊隱	19
默禱	昕初	21
你知否？	天心	21
晚秋將暮	天心	23
入夢	昕初	24
春意	劉廷蔚	25
雨夜懷先艾琮本	聞國新	26
荣花香	范愛湖	28
夜之歌女	昕初	29
朋友，驕傲些罷！	天心	30
春意	易墨	30
		1925 年 5 月
刹那的心象	長虹	8
心的世界	長虹	9
茶館的內外	長虹	10
在青春的夢裏	王蓮友	11
以填夢裏的空白	謝草廠	19
心靈的祖國	王蓮友	21
在墓前	徐丹歌	20
小詩——新安橋畔及其他	蘇宗武	22
傳說中的悲劇	長虹	24
戰顫	昕初	25
釂箓一週年	朱虛白	27
心頭碎影	蕭承慈	27
深夜的我	王蓮友	30
		1925 年 6 月
閃光（1～26）	長虹	1～3
		1925 年 7 月
也許（爲一個苦命的夭折的少女而作）	聞一多	3
閃光（27～100）	長虹	9～23

篇　　　目	作　者	發表日期
訂婚後	藕丹女士	12
有憶	朱湘	18
彈三弦的瞎子	朱湘	23
寒夜濤聲	王森然	27～31
過去的人	學昭	27
最後的詩（英國濟慈著）	朱湘譯	30
弱者的呼聲	亞岩	31
晚秋將暮	天心	31
		1925 年 8 月
深夜的我	王蓮友	1
暫霽	朱湘	4
苦雨	朱湘	5
寒夜濤聲	王森然	11
誘惑	聞國新	15
螢	秉雄	20
朝霧	滄波	25
		1925 年 9 月
雙斧下的孤樹	杜若	2
夜半的祈禱	杜若	3
小貓	杜若	4
野山查	杜若	5
郊原秋晚	王蓮友	7
榻畔	杜若	9
誓	杜若	12
白玫瑰花	杜若	15
在野地裏	王蓮友	16
一片樹葉和我	王蓮友	19
母親帳中的行獵	杜若	21
暮	杜若	23
詩兩首（秋聲，秋之讚美）	王蓮友	26
昨夜獨步 —— 讀《志摩的詩》以後 ——	尚鉞	28

篇　　　目	作　　者	發表日期
		1925 年 10 月
小詩兩首，記老友申無量先生語。	劉復	1
信	杜若	25
悽寂之夜	王森然	27
贈答	竹影　學昭	30
		1925 年 11 月
遙望處	王蓮友	3
慘無顏色的人生	王森然	4
聽荻花	學昭	7
我的家鄉，我的祖國！	田間山	10
苦難（法國斗比爾著）	伏睡譯	28
譯詩	慧茵	30
		1925 年 12 月
在夕陽裏	王蓮友	2
被害鳥	趙泉澄	8
詩	王森然	13
五月後（May Queen）──丁尼孫長詩之一	璠，瑄譯	15
舊痕	徐愛波	15
給讀者（波特萊爾著）	伏睡譯	16
詩兩首	黎錦明	19
「晚報！」	彥白	21
時間	劉書韻	24
月下的戰場	周開慶	24
尾聲（譯丁尼孫詩）	璠瑄	29
除夕（譯丁尼孫詩）	璠瑄	31
		1926 年 1 月
新年──譯雪萊的詩──	曼聲	5
詩兩首	阿囊	9
磨面少年的離別──德國民歌之一──	何競譯	11
招	朱湘	11
降福（波特萊爾著）	伏睡譯	13

篇　　　　目	作　者	發表日期
秋歌（譯 Verlaine 詩）	唐努譯	14
老教徒自歎	谷萬川	17
高舉（波特萊爾著）	伏睡譯	22
失戀	梁佩衮	22
擡起頭來，我愛！	林娜	29
		1926 年 2 月
戀冬	晉之梅	12
春神	王蓮友	18
在遼河岸上	王蓮友	22～26
死債	昕初	24
悲曲	王蓮友	25
海燕與岩石	鍵君	27
飛向江南去	王蓮友	27
		1926 年 3 月
留著	劉惠	4
瘋人的詩	劉復	5
心頭的哀愁	劉惠	9
哀音	思英	16
悼三月十八死難的同胞	吳鏡塵	18
犧牲者	墨卿	22
		1926 年 4 月
結識情人實在難及其他	健攻	2
湖水的哀訴	宏斯民	12
午夜聞炮	吳鏡塵	14
希望	小亭	19
安慰	劉惠	22

篇　　　目	作　者	發表日期
（戲劇類目錄）		
齊福	寒光譯	1924 年 12 月 29 日
不忠實的愛情（三幕劇）	向培良	1925 年 1 月 12～22 日
賭徒（契訶夫獨幕劇）	李秉之譯	2 月 7～21 日
畫家的妻（三幕劇）	顧千里	3 月 1～4 日
心欲之國土（愛爾蘭夏芝著）	卜士譯	4 月 13～16 日
向海去的騎者（愛爾蘭新格著）	鮑文蔚譯	4 月 23～25 日
產婦（法國白立阿原著）	薛琪瑛譯	8 月 1～24 日
萬萬年	何一公	10 月 9 日
我錯了（獨幕劇）	尚鉞	11 月 2～11 日
石壕吏（獨幕歷史悲劇）	俞宗傑	11 月 22～28 日
失敗的創作（四）	金仲芸	11 月 29 日
揶揄（詩劇）	羅學濂	12 月 7 日
白鴿	余上沅	12 月 8～10 日
家庭的驕子（英國吉卜生著）（獨幕劇）	汪寶瑄譯	12 月 17 日
聖的喜劇	蘋影	1926 年 1 月 6～15 日
二七慘劇（記者敬按）	失名	2 月 7 日
博士（獨幕喜劇）	徐丹歌	3 月 13 日
在安琪小姐的客廳裏（獨幕劇）	李開先	3 月 17 日
自然夫人	俞宗傑	4 月 20～24 日

篇　　　目	作　者	發表日期
（啟事類目錄）		
1.「北大風俗調查會徵求各地關於舊曆新年風俗物品之說明」		1925 年 1 月 16 日
2. 北大研究所國學門紀事 —— 研究所國學門風俗調查表		3 月 7 日
啓事（伏園）		5 月 14 日
預告		5 月 29 日
征集英日貨品的商標（振武）		7 月 6 日

篇　　　目	作　者	發表日期
（文化批評類目錄）		1924 年 12 月
讀書錄	甘蟄仙	5
什麼字？	開明	5
《京副》的樣式	孫伏園	5
一個批評家的千慮一失	高佩琅	6
讀《隔絕》與《旅行》	萍霞女士	7
張靜廬君的單戀集	沅君	8
介紹另一個《孤軍》	記者	10
生活上的幾項煩惱	汪震	11
評鄭譯的《海鷗》	生爲	12～17
《評中西文化觀》作者的答辯	楊明齋	14
讀《生活上的幾項煩惱》	懸誇	14
何必煩惱？	唐光宙	14
無謂之感慨	開明	16
《世界語周刊》	柏生	17
「樹介」	柏生	20
讀語絲《女褲心理的研究》	陳治安	21
關於《京副》的幾句話	吳聯棟	21
《燕風》發刊詞		22
通訊（魯迅致鄭孝觀）	魯迅	27
讀《蔦蘿集》	萍霞女士	29
		1925 年 1 月
老實者何多	天慼	5
兩大徵求的疑問	汪震	6
評陳衡哲的西洋史	蔣廷黻	7
關於兩大徵求的來信	尙惜凡	8
兩個七本書	汪震	9
又有兩個疑問	李君度	10
咬文嚼字	魯迅	11
《語絲》的作風	尙惜凡	12
論兩大徵求（一，二）	中之、楊天木	12
雪楊之畫	汪震	13

篇 目	作 者	發表日期
關於《苦悶的象徵》	王鑄、魯迅	13
「無聊的通信」	廖仲潛	15
介紹王以柯君譯的貨幣學	馬寅初	16
課餘偶錄	周方度	17
原文不如此	李君度	17
忽然想到（一）	魯迅	17
兄弟姊妹	章衣萍	18
關於《咬文嚼字》	廖仲潛	18
六書說是應該欽定的嗎？	周慎言	18
看了張雪楊國畫展覽會之後	何墨	19
嚼字	開明	19
關於《紅樓夢》	俞平伯	20
《咬文嚼字》是「濫調」	潛源	20
罵人的妙法	子榮	20
忽然想到（二）	魯迅	20
《父親的歸來》與《父之回家》	許子	21
讀魯迅先生的《忽然想到》	周振禹	21
給俞平伯先生的一封信	延齡	22
關於《父親的歸來》	歐陽蘭	22
咬嚼之餘	魯迅	22
桃太郎的辯護	王母（周作人）	29
答延齡先生	俞平伯	29
與延齡先生論炕	湛廬	29
「新新中外合璧男女分字百家姓」的要求	健功	30
鄭振鐸君錯了	荊有麟	30
「無聊」？「濫調」？	江震亞	30
抄襲的笑話	金滿成	30
考後	幻鄰	31
關於《父親的歸來》	甘人	31
希望於今後之京副	平平	31
太冤枉了！	雲卿	1925 年 2 月 3

篇　　　目	作　者	發表日期
幾句公平話	刺心	3
咬嚼之乏味	潛源	4
與湛盧先生論炕	周素倩	5
罵的使人討厭	琴心	7
不習見的好東西	喜旺木	7
桃太郎之神話	王母	8
介紹天體儀之新出品	陳展雲	8
論炕答素倩	湛盧	9
咬嚼未始「乏味」	魯迅	10
離奇的咬嚼	毛又新	10
不見得討厭吧？	幻林	11
看「弟弟」後	伏園	11
「少奶奶的扇子」之厄運	培良	12
咬文嚼字（二）	魯迅	12
我愛咬嚼	平明	12
不是我的錯	琴心	14
再說幾句吧	歐陽蘭	14
讀經之將來	問星	14
忽然想到（三）	魯迅	14
蔗汁	孫景章	15
龜蛇盤旋的頭腦	龔鈺	16
懷疑自由的權	幻林	16
「狐假虎威」	來蘇	17
廖仲潛先生的《春心的美伴》	芳子	18
必讀書的疑問	李霽初	18
青年必讀書與飽學愛讀書	田瑞璐	18
非三四千字寫不完	吳敬恒	18
「咳，這真是無聊！」	琴心	19
忽然想到（四）	魯迅	20
關於兩大徵求的一小請求	朱大枬	20
代答「必讀書的疑問」	梅羹	20

篇　　目	作　者	發表日期
再怪沒有了！	枕歐	20
曾選後學不可不讀書	徐彬彬	20
近世史的知識	喜旺木	21
譯名疑義舉例	喜旺木	22
王敬軒選定的十部書	董魯安	22
我的懺悔	彭基相	23
一偏之見	鏡人	23
徐志摩先生的耳朵	小郎	26
青年必讀書的疑問兩則	滌寰　平平	26
未盡的懺悔	饒子離	27
對於林玉堂先生所選國學必讀書第七種的一點疑問	霽眺	27
字紙簍裏的蔗渣	弗里曼	27
編餘閒話	記者	27
青年必讀書徵求活動結果（依收到選票的先後順序發表）	投票人	刊發日期
		1925 年 2 月
	胡適之	11
	梁啓超	12
	周作人	14
	李小峰	15
	徐志摩	16
	潘家洵	17
	馬裕藻	18
	江紹原	19
	朱我農	20
	魯迅	21
	譚熙鴻	22
	林玉堂	23，24
	沈兼士	25
	易培基	26
	張競生	27

篇　　目	作　者	發表日期
	李仲廣	以下皆爲 28 日一天刊出
	曾慶鑄	
	李慈良	
	黎錦暉	
	吳少華	
	任昶	
	謝行暉	
	章錫琛	
	張煦	
	劉子雲	
	蘇天行	
	汪震	
	韓介生	
	徐之予	
	謝羨安	
	王文彬	
	莊更生	
	趙哲存	
	王頡剛	
	鄧皐生	
	念珮	
	劉作人	
	袁憲範	
	俞平伯	
		1925 年 3 月
論識字之危	林玉堂	1
狂飆周刊宣言		1
「赤帶是個病名」？	婆心	3
無聊之閒話	趣生	4
偏見的經驗	柯伯森	5
聊答「……」	魯迅	5

篇 目	作 者	發表日期
徐志摩先生的常識	非子	7
花園之外	長虹	8
奇哉所謂魯迅先生的話	熊以謙	8
報「奇哉所謂……」	魯迅	8
魯迅先生的笑話	ZM	8
評畫家之妻	培良	8
古廟雜談（1—5）	章衣萍	10～31
嗚呼中國的青年	周十力	10
白朗寧的「異域鄉思」與英詩	朱湘	11
眞正新青年必讀書十種	萬力	12
讀「嗚呼中國青年」	梅羹	13
予亦名「疑古」	錢玄同	13
王星拱先生的「生命素 Vitamins 之略說」內的誤譯	紫如	14
白話與文言的用法	燕生	15
予名「疑今」	疑今	15
再談馬幼漁先生的選書	梅羹	15
青年的五色國旗	張崧年	15
「盲目的讀者」	喬逎作	15
讀了《白朗寧的「異域鄉思」與英詩》後	王宗璠	15～17
讀《讀嗚呼中國的青年》	周十力	16
介紹《少奶奶的扇子》	楊聲初	16
讀《玉君》之後	尙鉞	17
陶元慶氏西洋繪畫展覽會目錄序	魯迅	18
讀《玉君》後	培堯	18
看陶璿卿先生畫展的小記	錢稻孫	20
我嚴重地警告你們——看女師大演古裝的卓文君——	培良	20
孔家店老夥計也要笑開明先生不見世面吧	蕭度	21
「野火燒不盡」——告《盲目的讀者》的作者	饒孟侃	21
《語絲》的解說	沙灘	23
不期而遇	漱岩	23

篇　　　目	作　者	發表日期
翻譯之難易參半 —— 問李青崖何以對莫泊桑？	張乙雍	23〜24
所思（1〜4）	張申府	24〜30
評現代評論《女師大的學潮》	正言	24
致戲劇的演者	培良	24
給周十力先生的信	梅羹	24
觀《酒後》與《一隻馬蜂》	蕭然	25
看《少奶奶的扇子》	楊聲初	25
參觀女師大遊藝會以後	聞國新	26
走錯了路	曙天女士	26
青年會觀劇之後	程坤一	27
我承認失敗了	雪紋	27
我的耳朵	春臺	27
春風不要再吹罷	甘人	28
譯英詩兩首	天心	28
一封致友人饒孟侃的公開信	朱湘	28
饒先生！你肩頭背的眞理的包袱呢？	喬遲作	28
《一隻馬蜂》在舞臺上的成績並質西林先生	琴心	31
青年必讀書徵求活動結果（依收到選票的先後順序發表）	投票人	刊發日期
		1925 年 3 月
	顧頡剛	1
	邵元沖	2
	徐炳昶	3
	周建人	4
	張東蓀	5
	馬敘倫	6
	羅庸	7
	汪兆銘	8
	楊廉	9
	許壽裳	10
	吳鏡江	11
	常惠	12

篇　　目	作　者	發表日期
	常燕生	13
	羅德輝	14
	秦蛻人	15
	秦黃胤	16
	劉奇	17
	董魯安	18
	周傑人	19
	劉書韻	20
	周長憲	21
	黎性波	22
	黃積之	23
	周志偉	24
	太虛	25
	安世徽	26
	廖迪謙	27
	丁夢賢	28
	李幼芥	29
	孫竹生	30
	趙雪陽	31
		1925 年 4 月
所思（5～8）	張申府	1～27
非宗教運動	巳驚	2
論《異域鄉思》與辯誣	子潛	2
文士與藝人	怡京	3
《玉君》	伏園	3
這是這麼一個意思	魯迅	3
看了青年愛讀書十部徵求的結果以後	燕生	3
拜腳商兌	異襟	4
又引起了我的疑惑	席明	4
古書可讀否的問題	易金	5
評玉君	培良	5
精神與物質	子美	5

篇　　　目	作　者	發表日期
「似曾相識燕歸來」	履霜	5
魯迅先生被人誤解的原因	王鑄	8
有鼻子的人留心	蕭度	8
明知是得罪人的話	琴心	9
抄襲的能手	陳永森	10
「怪字」	喬遒	10
非邏輯	衣錦	11
給創作家們的一個建議	隨衣	11
再評玉君並答琴心女士	培良	11
「到民間去」與「革命文學」	蔣鑑　希生	13
「細心」誤用了！	雪紋女士	14
又一個不平鳴	琴心	14
讀琴心女士《明知是……》之後	閻宗臨	14
詩人的夢	高長虹	15
轉圈	賞目	15
新性道德的討論	許言午	16
魯迅啓事	魯迅	17
忽然想到（5）	魯迅	18
「你要知道」	茂林	18
平鳴	愛吾	18
我心裏常常想	歐陽蘭	19
開茨的美女無情	天心	20
螞蟻與歐陽蘭	風光	20
文藝批評家是不能公正的	侯聖麟	21
關羽與財神	長虹	21
我敢斷定歐陽君是個「抄襲犯」	符致遠	21
忽然想到（6）	魯迅	22
批評界的「全捧」與「全罵」	琴心	22
假話	長虹	23
希望自愛的青年勿學歐陽蘭	甘人	23
楊袁昌英的《玫君》讀後感	鶯嗔女士	24
你呀，甘人！	琴心	25

篇　　　目	作　者	發表日期
《短篇小說三篇》序	欽文	26
「我心裏」也「常常想」	懋琳	26
忍不住了	金滿城	26
「張冠李戴」	謝行暉	27
		1925 年 5 月
關於《現代評論》被扣的話	王鑄	2
又是一棵小小的臭草	刈丁	7
王統照譯詩摘謬	甘人	9～16
溫良	武者	9
我所見於《示眾》者	孫福熙	11
忽然想到（7）	魯迅	12
在燈下	衣萍	14
病中想到	胡侯楚	14
戲評中間牽涉西林	陳西瀅通信	15
「文化生活的災禍」	蕭度	16
介紹文學周報	記者	16
請勿生氣	綠藻	18
忽然想到（8）	魯迅	18
說白話應當禁止	王鑄	19
幾句閒話	甘人	20
忽然想到（9）	魯迅	19
甘人先生的態度	章質夫	20
酒後	刈丁	24
《溪水》自序	王利貞	25
毋庸懺悔	亦荊	26
所思——說實話	申府	28
「毋庸懺悔」？	天心	31
		1925 年 6 月
致行知社的一封公開信	余文偉	2
知乎？行乎？	彭基相	2
翻譯眞難（？）	王宗璠	2～3

篇　　目	作　者	發表日期
癡人說「夜」	亦荊	3
隨便談談	揖敬	4
病中捉賊	風光	5
壞人與好人	允明	5
忙中觀「病中捉賊」	承志	7
一點小玩意	虛枝	27
		1925 年 7 月
所思	申府	1
「愚問」之一	乙徑	1
沙漠的北京	歷陽	6
讀《黃狗與青年作者》	米先生	8
「立鼻兜」和阿 Q 的戀愛	天廬	12
答愚問之一	孫寶墀	12
甚麼是真正的實驗室？	李裕增	13
我們對於適存中學的新希望	景之	13
愚問之二	曳脛	16
嚼蠟	兩疑	20～22
孫寶墀不識愛羅先珂	伏園	24
新詩與國家主義	江	30
		1925 年 8 月
介紹一個實驗學校 —— 藝問中學校	憶愚	17
答曳脛伏園兩先生	孫寶墀	26
		1925 年 9 月
所思	申府	1
適存中學校歌	朱湘	14
藝術與人生	錢鑄九	14
洪水復活宣言		14
劉海粟全抄板橋序	朱壽潛	17
愛之的來信	溪坡	18
「琵琶」與「枇杷」	雲岫	23
評美的人生觀	伏園	24
《吳稚暉先生文存》	藤沁華	25

篇　　　目	作　　者	發表日期
感到痛苦而說的幾句公開話（致伏園的信）	黎錦明	30
		1925 年 10 月
看圖有感	孔炤	2
烈火集序	黎錦明	4
光社的展覽會	壽明齋	4
談談線裝的新詩（伏園附按）	胡侯楚	6
勸黎君	浮生	7
似曾相識的晨報副刊篇首圖案	重餘（陳學昭）	8
兔兒爺的革新	丁一	9
徐志摩來信	徐志摩	9
傷逝	丙丁譯	12
喝酒罷！	野火	13
教育？	黎錦明	14
來信	黎錦明	19
介紹晨光學校	孫幾伊	21
學者態度	蔣傳官	22
問心處	天幕	22
東拉西扯	侯楚	22
魯迅先生	尚鉞	23
上吳稚暉先生書	李繼宣	28
國立編譯館投考記	伯山	28
常談（智識階級）	黃生	29
常談（革命黨）	黃生	30
自是與盲從——讀申府先生論生計而作——	汪柱中	30
		1925 年 11 月
科學救國大鼓書序	顧頡剛	1
爲什麼要反對戰爭	培良	1
零零碎碎	天水	1
反應	長虹	2～3
向空中說話	培良	7～16
讀「新副刊」	辰夫	8
《雪夜》	北朋	11

篇　　　目	作　者	發表日期
質張式銘先生	王名山	11
談兩極端（伏園敬答）	余文偉	12
女名美	畢樹棠	13
「壯遊團」啓事	張競生	13
來信	張式銘	14
零零碎碎	水等	14
孫伏園給北大許君的信	孫伏園	14
讀經問題	劉炳藜	15
「自作聰明」的咬嚼	宗璠	16
考古與弔陰	龍雲　伏園	17
西山通信	彭基相	18
聲明	錦明	18
讀《熱風》	伏園	18
接二連三的不幸事	張宏經	21
學制再改革的感想	汪震	21
日本新村的消息	SST	22
給黎錦明先生的信	疑古玄同	23
「讀經問題」支單	劉炳藜	26
我們發起兒童學研究會的旨趣	蘇耀祖	26
答疑古玄同先生	黎錦明	27
赴女子兩級中學週年同樂會記	蹇先艾	27
論社會問題劇並質余上沅先生	培良	28
		1925 年 12 月
讀《夜哭》後我所要說的	蔣公偉	2～3
奧使館之繪畫展	孫福熙	7
目下國人心理上的西醫	劉予生	8
文學的生活和科學的生活	鄭書年	11
聽我告訴你《陀螺》——遙寄 PP 弟弟之二——	空了	11～13
一個極誠懇的要求	徐繼森	11
一個「非自由論」的著作家	梁佩袞	12
加濃戲劇空氣	俞宗傑	13
從牙齒念到鬍鬚	馮文炳	14

篇　　目	作　者	發表日期
一個新的方向？——評余上沅的《白鴿》——	培良	14
忙裏寫幾句	馮文炳	15
給中華教育改進社一封公開的信	彭基相	16
談談《白鴿》	孔憲成	16
柴門霍甫與中國	荊有麟	17
「加濃戲劇空氣」	焦菊隱	18
漫談	秋芳	20
關於《摯友》	辰夫	21
給荊有麟先生的一封信	張子嘉	21
答覆彭基相先生	中華教育改進社	21
「輿論是怎樣的一種東西」？	宋振榘	22
「加濃戲劇空氣」？	靜芳	22
禮拜六雜記	TT	23
零零碎碎	錦明	23
談《談談詩經》	內」	24
誰是 Beautiful Spot？	趙瑞生	24
讓我們玩一忽兒	宗傑	24
戲劇空氣的「加濃」與「澄清」	焦菊隱	24
於是劇社第一次向大家的表白		27
「偏見」	馮文炳	28
新女性的檄文	章錫琛	28
「公理」	馮文炳	31
喘氣兒	趙瑞生	31
		1926 年 1 月
「六百年來最有勢力的小學校教科書」書後	田瑞璐	4
我被你們征服了！	王伯強	5
觀「不忠實的愛情」以後	一飛	5
承你（致春臺的信）	章衣萍	6
日本武者小路實篤的小品	湯鶴逸譯	6～19
牧羊人社	雷助翔　王宗璠	8

篇　　　目	作　者	發表日期
第二夢	孫福熙	9
看燕大周刊社演劇後	宗傑	10
孔德學校	孫福熙	10
一個半演員的戲劇	培良	11
江紹原先生的禮部文件題解	伏園	12
禮部文件之九：髮，鬚，爪。	江紹原	12～30
代代——看燕大男生演第二夢後——	丙種	13
中日文化事業委員會為甚還不解散？	豈明	14
《第二夢》我的批評	楊行翁	14
「罵曹」	光君	15
一個藝術家自殺了	壽明齋	16
觀平大的兩劇	KY	17
一年來國內定期出版界略述補	伏園	18～31
危險思想	宇文丙	19
統計不精確（讀者來信）	駿君	20
吐露一點消息	伏園	23
國語文學談	周作人	24
禮部文件更正（伏園按）	江紹原	24
考古與迷信	馬叔平	25
消息再吐露	伏園	26
介紹韓敖君	孫福熙	27
我們要不要學盛京時報？（伏園附按）	楊果眞	28
前留學生	孫福熙	30
《憶》	學昭	31
跋現代文學史冤獄圖標	蕭度	31
截止日聲明不截止	伏園	31
		1926 年 2 月
女師大復校紀念遊藝	學昭	3
一九二五年國語界「防禦戰」紀略	黎錦熙	5
群化中學的成績展覽會	劉炳藜	5
穿西服（伏園附按）	顧千里	5
少奶奶的扇子	焦菊隱	6

篇　　目	作　者	發表日期
中國之夜	孫福熙	12
雜拌的信	胡光有	18
《憶》的裝訂	豈明	19
「盟詛」	江紹原	20
也算是劇評	李治璞	24
一個極小的問題	劉鄧安	27
二件較大的答案	張競生	27
		1926 年 3 月
讀《包弗瑞夫人》	張天廬	1～5
一是一二是二敬答闇先生	高佩琅	1
裝訂書籍的美醜問題	琴	1
林風眠先生	孫福熙	2
羅曼羅蘭評魯迅	柏生	2
美的裝訂法的新發現	孟士達	3
也盡有「一而二二而一」的「冒充」	闇劍民	5
七年前的林風眠先生	溫克威	5
讀過《莽原》	冬芬	6
藝術院	佟晶心	6
觀畫小記	張鳴琦	7
詩人的生活	李蔭春	10
畫家方君璧女士	春臺	11
空谷蘭與洪深先生	伏園	11
林風眠藝術成功的三時期	王代之	13
「不懂」	姚宗賢	13
歡迎歐陽予倩洪深兩先生	余上沅	13
看過林風眠氏的展覽會以後	黎錦明	15～16
試驗期戲劇底分化	瀯陶	15
友情眷屬的說明	秋花	15
送歐陽予倩洪深	楊聲初	16
詩人的架子	李蔭春	16
談談國立藝專的戲劇系	李治璞	18
水晶眼鏡	溫克威	18

篇　　　目	作　者	發表日期
一本規模不很小的學報（伏園附按）	立也	19
「想是先生弄錯了」	佩心	21
歡迎一位園藝學家來京	春臺	31
		1926 年 4 月
新滇社的宣言		2～3
禮部文件之九：髮，鬚，爪。	江紹原	18
介紹《烈火》	萍若	21
我的讀詩會	朱湘	24

篇　　　目	作　者	發表日期
（社會批評類目錄）		1924 年 12 月
外國人與民心	開明	9
公府裏面只有一個曹錕嗎？	柏生	10
「和平門」怎麼了？	柏生	13
中流社會那裡去了？	柏生	18
李彥青槍斃了！	柏生	19
聽說商會要皇帝	開明	27
女子教育未必重要	蕭度	28
一夜	CP	28
讀《聽說商會要皇帝後》	班延兆	30
		1925 年 1 月
與班延兆君討論	楊天木	4
答班延兆先生	開明	4
介紹日本人的怪論	開明	6
答開明先生	班延兆	7
清室優待條件真的是法律麼？	周淦	9
南開教育的破產	祝冷然	10
順風旗與逆風氣	荇生	10
忠告溥儀和溥儀的保皇黨	王鐵肩	11
奴性與非奴性	童過西	11
《日本人的怪論》書後	開明	13
「奴性」與「人格」	班延兆、開明	13
變遷	荊有麟	14
敬謝和我討論的諸君	班延兆	14
冤枉	王天驥	15
說話真要小心呢！	胡治安	15
也怪不得班君生氣	李江安	15
學者說話不會錯？	江震亞	15
答班延兆君	周淦	16
「學者說話不會錯？」？	胡崇軒（胡也頻）	17

篇　　　　目	作　者	發表日期
北京市民家奴氣確是十足	周十力	17
改名的通信	開明	17
我對於優待條件的謬見	毛又新	18
情書與罵信	子榮	18
不平則鳴	繼先	19
夢判北京市民家奴氣十足	信舫	19
我來做個和事人	羅學濂	19
「試他一試」！	段思昭	20
學者說話會錯不會錯？	江震亞	20
「改名的通信」	霽眺	21
崇拜真理與捧先生	冥行	30
		1925 年 2 月
真是試不得嗎？	文福田	2
雷峰塔倒掉的原因	胡崇軒	2
人頭蜘蛛瞧見未？	王培義	4
楊鴻烈先生的邏輯	汪震	6
答汪震先生	楊鴻烈	6
無題的通信	段思召	6
歡迎齊撫萬茂才	文童	6
再答楊鴻烈先生	汪震	7
「懷疑」的討論	王復嶺	8
再談制育	張競生	9
願制育社復活	磑磑	15
齊燮元與《新青年》	孫景章	15
「往大連去」	喜旺木	20
教育界與鴉片煙	別宥	21
看重一字忘卻全篇的批評家	平江	22
一個問題	蓀	23
閒談邏輯兼質楊鴻烈先生	張漢輔	25～27
我來了！	華林	25
敬請復辟	喜旺木	25

篇　　　目	作　者	發表日期
願與記者訂文字交	CW	25
異哉僞憲法在初中公民教育裏竟發生了效力	何呈奇	27～28
		1925 年 3 月
願意墮落的青年	TC	2
忠告私立各校聯合會	普照	10
給教育總次長的信	張一麐	11
又一件慘苦事	佩瑩	11
起了逃走的念頭	秋明	12
莫名其妙	陳仲益	12
浙江人的毛病	普照	13
一封青年苦悶自殺的絕命書	劉任責	14
虛僞的人生	愚公	18
這三天所見	玄同	28
聖人復起	仲益	29
		1925 年 4 月
「玩」	木先生	1
西山的馬路	金滿城	4
風紀之柔脆	一擒	7
補假	尙木	7
尊重女子的中國	義阱	10
銅元的咬嚼	夷斤	10
這是什麼意思	朱湘	11
二非佳兆論	疑今	13
續「玩」	尙木	20
值得紀念的一天	TP	23～24
函數式的中國婦女	李繼直	29
		1925 年 5 月
論章教長之舉措	宜禁	4
來信	魯迅	4
再介紹日本人的謬論	凱明	5
並非晨報造謠	素昧	5

篇　　　目	作　者	發表日期
啓事	魯迅	6
對於日本國民之忠告	張一粟	7
清晨	愛芝	9
教會學校學生的呼聲	遠林	10
女人壓迫女人	風先	15
旅途中悲劇之一幕	陳俞廷	21
女師大的學風	凱明	22
覆包珂的一封信	無偏	22
明知是無聊的話	蘭敏	25
病人	養正	25
「拉雜諫言」	蕭度	26
要來做執政府顧問的辜顯榮君究竟是個什麼東西？	李雪峰	28
多餘	海嘯	30
鐵塔強姦案中之最可恨者	唯亭	31
		1925 年 6 月
並非閒談	魯迅	1
京兆人	凱明	1
敬告楊蔭榆先生	誠之	1
不是省籍問題	伏園	1
六個學生該死	傷時	3
又多了一番創痛之六三	伏園	3
中國官僚一般之見識	S J	4
淨街	王鑄	4
勿談閫閾	京紳	4
楊蔭榆開除學生黑幕之一角	金仲芸	4
忙話	沄沁	4
「閒話」之「不像樣」	丁雟	4
「噲等」之一又有「關於民眾文藝的話」	荊有麟	4
窮而多事 —— 楊蔭榆和分金 ——	申府	5
對於女師大風潮的觀察	無名	5
遊行示威以後	伏園	5
咬文嚼字（三）	魯迅	7

篇　　　目	作　　者	發表日期
西瀅與楊蔭榆	亞俠	7
致汪懋祖先生書	劉亞雄	7
「收回租界！」	伏園	22
收回租界的成績報告	伏園	27
		1925 年 7 月
要這樣救國！──滬寧路線中聞見的片段	天怡	9
一致對外聲中	伯山	20
「檢驗身體」	君魯	21
爭報面	荊有麟	27～28
連類及之	萬子常	31
		1925 年 8 月
女師大大改革論	儀京	3
續女師大大改革論	衣錦	5
驅逐楊蔭榆	玉樹	5
暑假見聞瑣記	冉廣文	6
老虎報質疑	疑今	7
關於清室事件	承仕	7
不贊成儀京先生的態度	申撫	7
女師大風潮	愚露	7
原來這就叫作「革命領袖」！──嚼蠟之三	兩疑	8
瞻望故鄉──接到了「人世地獄」的消息以後──	張光人	8
女校長的男女的夢	魯迅	10
暗箭傷人之章孤桐──嚼蠟之四	良醫	10
兩千元的魔力	效癢	10
一切都是灰色的（通信）	劉炳藜　舒新城	11
與友人論章楊書（與申撫之通信）	周作人	12
江湖兩博士合論──嚼蠟之五	良醫	13
暑假生活中的感想	韓介軒	14
教育部家長會議親聞記	新銘	17
妙想天開的兩位總長	良醫	17
中國的女修道院	金滿成	17～19

篇　　　目	作　者	發表日期
忠厚的胡博士	星命	18
孤桐先生之權威	大枏	18
民眾的對頭	谷鳳田	18
報凱明先生	張崧年	19
四川的社會	康橋	20
答張崧年先生書	周作人	21
言論界之分野	辛民	21
魯迅先生的免職	汪震	21
悶	金仲雲	22
章士釗與王九齡	太愚	24
溥儀與章士釗與劉百昭	光榮	24
眞正英國留學生	伯山	24
我們怎樣對付老虎總長	兩疑	24
打官司是否打得了	ＳＪ	24
在中國作人眞難	荊有麟	25
忠厚的星命先生	空言	25
執政府的衛兵	稚園	25
再報周作人先生	張崧年	26
再答張崧年先生	周作人	26
又查各處女生麼？	東禪	26
亂道	ＣＬ	26
煙臺的印象	龍冠海	28
替老虎報下注解	康橋	28
虎之自縛	汪震	28
青年與復辟黨	荊有麟	29
北大非反章風潮平議	呼圖	29
與周作人先生論事實	張崧年	31
章士釗是什麼？	信明	31
八月二十日的京報和晨報	荊有麟	31
恢復美專的事件	王湖塵	31
記開會	金仲芸	31
西北遊記 —— 北京至張家口道中 ——	野濤	31

篇 目	作 者	發表日期
		1925 年 9 月
北大脫離教部與反章	小膽	1
趙恒錫曬日頭	鄧中	1
個人的幽默	毛從周	2
怪哉所謂非共產份子的國民黨	光照	4
復古和復辟	潘瀛江	5
廣說（左車右軍）	吳稚暉	7
女子無才便是德	汪質	7
胡敦復與女師大	東禪	8
西北遊記	野濤	11～15
敬告光照先生	金魯章	11
邏輯家的比喻	天廬	12
在邏輯未見精當	汪震	12
哈爾濱記遊	黃耀五	16
浙江的復古偉業	文元	16
滅灰	找勉之	17
楊小樓與醫生	風光	18
上帝不要胡說	荊有麟	18
「不通曰通」解	風光	21
即小見大	松子	22
補考問題	伯山	24
神經錯亂	尚鉞	25
讀風光先生的《楊小樓與醫生》書後	鄧以蟄	25
章士釗與沈潤身	黎錦明	26
保定青年學生的苦衷（伏園附言）	志剛	26
廣義的打虎	招勉之	29
		1925 年 10 月
中國的前途	荊有麟	1～27
故宮博物院	孫福熙	12
評欽定教育憲法專章草案	西征	15
北京的音樂	學昭	15
難道沒有別的救濟方法了嗎？	李繼宣	16

篇 目	作 者	發表日期
組織小家庭無暇參政	樊伯山	17
十月十日再造共和?	張覺民	17
到鄉間去	於鎮西	17
讀婦女與職業問題	學昭	18
介紹趙爾德	王希曾	19
十月	李宗武	19
歡迎了廣東外交代表團以後該怎樣?	章澗若	20
四川敘府人的哀音	陳彰衡	24
我想	陳醴泉	25
今日	伏園	26
不平鳴——新大鼓——	曹霄青	27
「關稅自主」和「軍閥」	吳承宣	27
閒話	霍邱目寒	28
		1925 年 11 月
聽了王正廷博士講演關稅自主以後		1
中國的前途	荆有麟	2～25
醫大風潮與將來的校長	劉運炎	3
五卅事件的痕迹——五卅血星序——	張清淇	3
群眾最應注意的	朱子	3
徐州人的主張	王銘岩	4
關稅自主與中國存亡	牛淼泉	4
讀醫大風潮與將來的校長以後	夏士驚	7
常談	黃生	9～10
我也是徐州人	超然	9
爲醫大校長問題答覆夏士驚君	劉運焱	10
青年與鴉片	天幕	10
公理戰勝了麼?	伏園	11
與疑古玄同先生談「人」	荆有麟	12
國民對於關稅會議應注意之要點	馬寅初	12
禁止女生外出遊逛的解釋	伏園	15
「神道設教」嗎	辰夫	19
學風之負責者	張友仁	20

篇　　目	作　者	發表日期
談所謂大學教授（伏園附注）	野青	23
打起來不痛苦 —— 想起來卻悲哀 ——	劉炳藜	24
一段小翻譯	君珍	25
銀樣蠟槍頭	李繼宣	25
十六歲的李振東	然否	25
第二天	武者	26
「慈善」？	有麟	29
中國沒有時辰鐘！	吳承宣	30
放下刀槍	張文蔚	30
		1925 年 12 月
官歟 —— 共產黨歟 —— 吳稚暉歟	吳稚暉	1
旅大一瞥記	王化周	1～10
在西北的一星期	董時進	2
和平團欽成記	吳稚暉	3
和平門再提議	伏園	3
先生！革命的路往那兒走？	牛淼泉	3
從石家莊到北京	培良	3
殺頭與章士釗	順風	3
本刊週年紀念專號		5
賦得幾分之幾	疑古玄同	
扶醋瓶	孫福熙	
軍閥與原生動物	昨非	
京副一週年	伏園	
本刊編輯室（木刻畫）		
一年來之本刊（攝影二）		
本刊編輯室參考報架一角（攝影三）		
華僑在美國之悲哀	龍冠海	7
中國的前途	荊有麟	7～18
又是一幕	有麟	7
快救東省	張競生　孫伏園	10
「慶賀榮典」！	有麟	10

篇　　目	作　者	發表日期
救救我們（伏園附按）	無可	10
我的理想國	梁佩袞	11
華北大學之宣戰	周作人	12
改革國民性與救國	荊有麟	13
教育名流的語法和邏輯	壁非	13
「華北大學之宣戰」	董秋芳	14
「快救東省」呼聲中的東省旅京人們該怎樣？	文德	14
吾東三省	孤憤	15
異曲同工	有麟	15
扶助農民合作和反抗惡勢力的壓迫爲我們的重大使命	田倬之	16
救人呀	由之	18
零零碎碎	養和	18
到過臺灣以後	周容	19
中國的女子	董秋芳	19
招牌換了	晶清	19
大蟲不死	豈明	20
生活的混淆	趙瑞生	21
人類與同情	晶清	21
時勢	丁一	22
國民黨的不徹底	假紳	23
流言	土肥	27
女師大事之餘	申府	27
讀閒話有感	土肥	27
半席話甲	何曾亮	31
作戰	馮文炳	31
除夕的國民大會	有麟	1926 年 1 月 4
半席話乙	何曾亮	5
王斧覆友人書（伏園附按）	王斧	7〜8

篇　　　目	作　者	發表日期
中國的前途	荊有麟	8～13
半席話丙	何曾亮	9
半席話丁	何曾亮	10
劉百昭的駢文	豈明	12
投書（致伏園）	王斧	12
國魂的性的問題	夏葵如	15
反響之反響和我們應有的覺悟	田倬之	16
關於駢文的通信	豈明	17
造謠的又失敗了！	玉照	18
農村生活寫實	茹素	19
九校索薪	宇文丙	19
零零碎碎	花等	20
一堆閒話	趙瑞生	21～24
鋼琴之變	宇文丙	21
人權保障宣言（伏園附按）	丁曉先等	21
章士釗──陳獨秀──梁啓超	吳稚暉	23
魯迅先生打叭兒狗圖	林語堂	23
雞毛帚	春臺	24
合併女大呈文	宇文丙	24
我把寬恕用錯了	沄沁	24
爲現在負有民眾運動指導之責者進一言	劉毅甫	30
鄉遊瑣記	於成澤	31
記李石曾校長演說辭	田倬之	31
		1926 年 2 月
瞧瞧人家選的什麼？	記者編	1～20
給陳通伯先生的一封信	馮文炳	2
問陳源	楊丹初	2
西班牙的軍閥到底好些！	彭學沛	2
恐不「赤」，染血成之歟？	吳稚暉	3
曾樸與季通	伏園	3
恐怕不能得到眞眞的柱石（伏園附按）	張玉蘭	3
我們的安慰	彭基相	4

篇　　目	作　者	發表日期
當校長的不許結婚？	天香	4
答徐志摩先生	陳毅　曲秋	4
如小兄與下流	東苦	5
中國的天安門和外國的天安門	彭學沛	6
代郵──答徐志摩先生	豈明	6
關於「鬆褲帶」的話	黎錦明	6
發表投票的疑問	高佩琅	6
我還不能「帶住」	魯迅	7
二七慘殺之由來及其價值	孟蘭	7
紀念二七革命的死者	棄予	7
二七與中國革命運動	從周	7
教授罵街的旁聽	敬仔	9
陳源與莎士比亞	冬芬	11
致魯迅	胡曾三	11
歡迎歸國留日同學諸兄	彭學沛	19
「彼處」	學昭	19
合併女師大女大改組國立北京女子大學議案	宇文丙	19
這都是羊牽出來的	桂枝	19
我們的言論自由	柏生	20
民間生活掙扎的片段	敬仔	21
柱石外之問題	吳稚暉	24
請教高先生	閻劍民	24
出版法廢除後聯想到中國的言論自由	瞿世莊	25
清華學生的腦袋	良德馨	25
李完用與樸烈	豈明	26
日本，張作霖，與東三省。	王墨林	26
牟擇迦	胡光有	26
投標主義，無抗主義，絕對主義。	彭學沛	27
青年道中的幾句話	孫福熙	28
新中國之柱石十人票選結果		1926 年 2 月
瞧瞧他們為什麼這樣選？		
1. 林語堂		1

篇　　　　目	作　　者	發表日期
2. 周英，吳駿，谷——川		2
3. 景宋，無名，葉雲波		3
4. 隱聲，招勉之，靜觀舍人		4
5. 黎錦熙，小正名，朱嶽峙		5
6. 新予		6
7. 阿梅		7
8. 方本正，易岐		8
9. 李振翩：新中國的柱石七個半		9
10. 張申府：終於投一票		10
11. 岑克明：本著良心觀察的結果		11
12. 余文偉：跑一趟野馬		19
13. 高佩琅：中國的個半男性的男子		20
14. 朱嶽峙		21
		1926 年 3 月
閒話的價值	古澗　何衡	2
是眞呆還是假癡	豈明	3
李完用病死	翠生	3
上海的青年商人何公子哥兒們的頭腦	建南	3
上海的乞丐	嵩山	4
鄉下人的道德	琴	4
見廣州市不得不喝彩	方乘	4
蔡子民先生在滬之講演	蔡子民（憲章記）	5
大逆之裁判	豈明	7
談同善社	喻元慶	7
馬君武整頓號房	少東	9
和平公園還欠和平	銀十七	10
蔣介石先生	伏園	11
孫公週年紀念會場	淑、柏、伏等	13
東三省的前途	李宗武	14
「學風」之別解	董秋芳	14
張之江與整頓學風（記者按）	徐瓊英	14

篇 目	作 者	發表日期
中山先生週年祭日感想	彭基相	14
自白	張崧年	14
我的幾句話	劉清揚	14
赤化的分析	懷西	15
排日	豈明	16
「牛羊何擇焉」	張中正	16
孫中山先生追悼會演說詞	蔡元培	16
「張之江電報問題」	哲生	16
「潑皮」話	黃育熙	17
一致反日	董秋芳	18
濟南的生活程度驟然增高	柏生	18
從徐錫麟夫人講到沈步洲	王松年	18
西山狼患感言	柏生	18
告辛丑條約關係各國	李宗武	19
昨日國民大會宣佈無傚之辛丑條約全文		19～20
對於大殘殺的感想	豈明	20
根本取消辛丑條約	伏園	20
大屠殺以後	董秋芳	20
血染執政府見聞錄	空了	20
誓不請願！	柏生	20
大沽問題與外人報紙	彭基相	20
下令通緝亂黨	柏生	20
革命戰線上的落伍者	江頤	20
爲三月十八日國務院慘殺事件忠告國民軍	豈明	21
敬告青年愛國同胞	陳朽木	21
可憐的青年	疑生	21
青年均應執贄爲段執政門下	柏生	21
狗記者	馮文炳	21
關於徐伯蓀先生的兄弟們	王耘莊	21
血屍	評梅	22
別再去幹那沒出息的勾當！	懷奇	22
青年之嚴正的生活從此開始	柏生	22

篇　　　目	作　　者	發表日期
可哀與可怕	豈明	22
今後該怎麼辦呢	楊善南	22
大屠殺後的種種呼聲	柏、墨等	22～27
警告荒謬絕倫的報紙	明星	23
悼范君士榮	天廬	23
哭我的同學和珍	雲章	23
防川	彭基相	23
身入屠場記	龍冠海	23
製罐頭的理由還充足些兒	瘋子	23
喘定顚言	劉祖沛	23
慘變後之所見	李餘生	23
章士釗欲何爲？	不死	23
十八日慘劇引出來一篇重要的文字	榮公	24～31
群眾領袖的問題	洪標	24
大屠殺後	董秋芳	24
林學衡先生可以自殺矣	宮天憫	24
北大索薪代表之權限	豈明	24
俄款與國立九校	馮文炳	24
再關於徐伯蓀先生的兄弟們	樸士	24
從事實條約歷史觀察大沽事件	陳震異	25
別有肺肝	匪心	25
今後民眾應抱什麼態度敘	章進	25
Chinoiserie	彭浩徐	26
「往何處去？」	學昭	26
上西湖去 —— 送春臺學昭二先生 ——	墨卿	26
弔劉楊二女烈士記	董秋芳	26
到底誰死了？	王西征	26
新加坡英當局封閉華僑學校事件感想	天南	27～28
悼張夢庚	陳志遠	27
一封書	王竹樵	27
可慘與可笑	魯迅	28
三月十八	在宥	28

篇　　　目	作　者	發表日期
哭死難諸女烈士	松雪	28
老虎放狗屁	不平	28
執旗者與剪髮者	志照	28
大屠殺的前夜——並向明星君解釋誤會——	陳國華	29
痛心話	林樹松	29
公憤與私仇	琴齋	29
痛哭和珍！	評梅	29
哭亡友魏士毅女士	於天慧	29
烏煙瘴氣的輿論界	天香	29
詩人廉南湖主張將執政府改爲烈士祠	平明	30
最近的廣東	葉坤講演	30
陳源口中的楊德群女士	豈明	30
「不下於開槍殺人者」的「閒話」	孟菊安	30
可怕與可殺	董秋芳	30
桃花與血	天廬	30
被盜	有麟	30
靈寶	柏生	30
樸烈被宣告死刑	平明	31
三一八慘案與收回法權	淑和	31
運命	人仇	31
輓聯——可惜不能全錄	廊蕭	31
新中國之柱石十人票選結果		
新中國柱石只有三人（記者附按）	金滿成	9
兩張封尾票（記者附白）	長弓　劉勃	10
新中國柱石十人——兩個月徵求的結果——	記者	11
柱石外的柱石	記者	15
		1926 年 4 月
群眾運動與領袖責任	李宗武	1
白話老虎報裏的謠言	瞿仲英	1
不贊成起訴	天廬	1
到底是梁啓超聰明些	金秉和	1
給豈明先生的信	馮文炳	1

篇　　目	作　者	發表日期
恕府衛	豈明	2
闢謠	李慧等	2
由家鄉說到國中	精鋼	3
鄉遊瑣記	於成澤	3
請國人先除文妖再打軍閥	林語堂	4
韋傑三死的過程	陳雲豹	4
給西瀅先生的一封信 —— 爲楊德群女士辯誣	雷瑜等	4
「天實爲之」	MM	4
植樹有益	伏園	5
辛丑條約國援助反馮軍成績與飛機亂擲炸彈問題	陳震異	7
洋鐵水壺與通緝令	豈明	7
韋傑三烈士遺著之一（陳雲豹注）	韋傑三	7
飛機……炸彈	祖仁	7
賄選與大屠殺	德馨	7
三一八慘案之政治問題與法律問題	韋青雲	8
如此「討赤」	魯迅	10
論並非文人相輕	豈明	10
「什麼話」	明紀	10
這一回	盧公義	11
政局的變化	彭學沛	11
恕陳源	豈明	11
哭德群	枕戈	11
改變我們的戰略先打文妖	張效良	11
值得紀念的四月十日	柏生	12
蘸在汾酒中	長虹	12
吳稚暉頭上的一點	明紀	12
僞通緝令與陳任中	季谷	12
離題萬里	柏生	12
死的影子	松煙	13
補「離題萬里」	叔衡	13
南開大學與上海大學	焦有功	14
未到北京以前	荊有麟	15～18

篇　　　目	作　者	發表日期
弱國的青年	伏園	15
大衍發微	魯迅	16
響應打狗	董秋芳	16
零零碎碎	英蓮	16
「恕陳源」應該眞個恕他	紀小鷥	16
讀了「南開大學與上海大學」	慕白	17
「玄背社」的「玄背」	玄背	18
一封通信	侯兆麟	19
釋疑	林玉堂	19
可憐的大學	白雲生	20
「發微」與「告密」	林語堂	21
就算是搭題	馮文炳	21
焦有功君所說的南開中學在那裡	陳彬龢	21
論南開並質慕白君	反動	21
香山慈幼院近事	歐湘蘭	21
寄到何處？	晶清	22
目下的北京	有麟	24

篇　　　目	作　者	發表日期
（思想學術類目錄）		1924 年 12 月
理想中的日報附張	孫伏園	5
中國文學觀念之進化	楊鴻烈	5～9
家畜中孿性的遺留	李小峰譯	5～16
教育心理學的問題和範圍	衛士生	7
小仲馬百年生辰紀念	蓬心	8
關照享樂的生活	魯迅譯	9～13
七種周刊在新聞學上之理由	邵飄萍	10
爲蕭統的文選呼冤	楊鴻烈	11～12
因果律與反帝國主義運動	莫震旦	12～16
今日是柴門霍甫的生日	荊有麟	15
柴門霍甫紀念日	孟體仁	15
世界語與中國	呂蘊儒	15
爲什麼人們需要世界語	漫雲譯	16
什麼是小說？	楊鴻烈	18～20
苗族狀況的概略	劉驤	18～29
文明人之由來	李小峰譯	19～21
小仲馬與馬利都比利西斯	蓬心譯	20
苦樂問題的研究	嚴毅夫	22～28
雷峰塔與保叔塔	鄭孝觀	24
大戰中之一	童過西	24
三千年前的龜甲和獸骨	馬叔平	25
想像的繪畫教授	曙天女士	25
未有天才之前	魯迅	27
追悼荷耳	許壽裳	28
誰配廢除中華民國臨時約法	譚仲逵	29
善後會議裏的遺老	開明	29
荷耳博士在教育上的貢獻	楊廉譯	30～31
		1925 年 1 月
政治生活與王家三阿嫂	徐志摩	4～6
大戰後的新社會	楊廉譯	6～7

篇　　　　目	作　　者	發表日期
新教育與舊道德	丁文江	7
美的思想	張競生	8～15
美的人生觀後序	張競生	8
從靈向肉和從肉向靈（廚川白村著）	魯迅譯	9～10
致趙元任君書	羅素	11
美國的知識階級（羅素著）	錢星海譯	11
道德學中的體制（羅素著）	彭基相譯	15～16
文明人中蠻性的遺留	李小峰譯	17～22
法國最近文壇	金滿成	19
論職業教育	彭基相	30～31
		1925 年 2 月
風俗史的研究與古美術品的關係	大村西崖	1
教育之使命與教育家之責任	譚仲逵	2
山格夫人來信	張競生	3
農民與平民教育	田倬之	3
法醫學	周振禹	3
勸梁任公張君勸胡適之三先生與中國國民黨合作書	楊鴻烈	4
永平十年以前流入中國之佛教	鄭孝觀	5～6
制育的理論與實際	磴磴	5
文學批評上的七大謬見	聖麟譯	7
知行合一的人格教育	楊廉	8～12
愛爾蘭與戲劇	畢樹棠	8
羅素是眞瞭解詹姆士的	汪震	8
六字眞言考	莊嚴	9
批評文學與文學原理	董秋芳	10
大家庭制度與人生	張潛華	11
出了象牙之塔	魯迅譯	14～28
女子與藝術	畢樹棠	18
二百年後的康德	彭基相譯	19～20
羅素論胡適	畢樹棠	21
中國的到自由的路（羅素）	錢星海譯	22
蠻性與新本能（美國摩耳著）	李小峰譯	23～27

篇　　　目	作　者	發表日期
		1925 年 3 月
飛來峰（泰戈爾演講稿）	徐志摩譯	1
革命化的歌舞劇	畢樹棠	2
出了象牙之塔（11～16）	魯迅譯	2～11
同張江二君討論孫科君的文章	簡又文	2～4
介紹華德博士	章衣萍	5
華德教授講演錄 —— 工業主義的倫理	簡又文譯述	6～30
中國蠶業史大綱	陳香貽	9
讀《晨報六周增刊》中曹任遠先生的「原子與分子之構成」	泉心	9
「無抵抗主義」與基督教	張宙	10
青年運動	徐志摩	13
蘇俄現代文學之運命	李秉之	13
歷史教授之目的（1～6）	秦志壬譯	14～22
理學家與文學	子美	18
我所要說的幾句話（陳源介紹）（1～4）	吳西屏	18～21
論平民教育	彭基相	22
吾人所應讀的書	H・G・Wells	23～25
介紹維得高斯基教授	畢樹棠	23
關於道爾頓制創始者柏克赫斯特女士來華的幾封信	舒新城	25
與彭基相論平民教育	楊廉	25
未進化的國家中之社會主義（羅素著）	戴景雲譯	26～31
		1925 年 4 月
中山先生少年時遺著	吳稚暉	1
華德教授講演錄	簡又文譯述	2～4
德國的戰事劇	畢樹棠	5
民治主義的精神（美國公使舒爾曼講演）	錢星海譯	7～8
貧窮之廢除（華德講演錄）	簡又文譯述	9～
中國畫學（金拱北演講）	其涼	11
戰爭之廢除（華德講演錄）	簡又文譯述	12～13
介紹「中華教育界」的收回教育權運動號	憶愚	12
「民治主義的精神」？	無名	13

篇　　　目	作　　者	發表日期
沾沾自喜（日本鶴見祐輔著）	魯迅譯	14
婦女與新道德（Beatrice M. Hinkle 著）	余岱東譯述	15～17
新格（Synge）評傳	鮑文蔚	15
「半臂春寒晚更添」	孫景章	15
動物內動力的研究（F.A.Moss 著）	林篤信譯	16～20
讀書（胡適講演）	嘯塵記錄	18
健康與婦女運動（美國 C.D.Mosher 著）	季志仁譯	19～30
柏克赫司特女士	章衣萍	21～22
西藏文化發達史（河口慧海講演）	歷陽記錄	23～28
徒然的篤學（日本鶴見祐輔著）	魯迅譯	25
馬克斯的唯物史觀（高一涵演講）	熊以謙記錄	26
		1925 年 5 月
五一節史略	大通	1
五一節與弱小民族的群眾	大通	1
五一節與第二次全國勞動大會	識因	1
五一節與中國無產階級的青年	識因	1
五一節與婦女	莊	1
一九二零年來中國之勞動運動	大通	1
新社會之建造（華德講演）	簡又文譯述	
第三講：經濟的公道		2～4
第四講：私利之廢除		10～14
第五講：全世界之合作		19～21
第六講：俄羅斯之大試驗		26～28
妙峰山進香專號一		
引言	顧頡剛	13
妙峰山進香者的心理	容肇祖	13
朝山記瑣	伏園	13
妙峰山	關璞田	13
妙峰山進香專號二		
妙峰山的香會（上）	顧頡剛	23
惜字老會會啓說明	顧頡剛	23
碧霞元君廟考	容庚	23

篇　　目	作　者	發表日期
妙峰山進香專號三		29
妙峰山的香會（中）	顧頡剛	29
妙峰山進香日記	莊嚴	29
中等學校國文教學的商榷	王森然	2～31
希臘的藝術觀（狄更生著）	彭基相譯	4～17
一個選「國學討論集」的計劃書	王鑑	5
大氣中的微塵與吾人之關係	李繼宣	6～7
和「大考據」先生談「牛臂」	孫景章	6
中山先生遺墨又一篇	簡又文	10
大學校長問題	龔淑滄	11
甘地	屠哲隱	15
我們為什麼要攝取食料？	李繼宣	16～17
國家主義的教育與中國	衛士生	17～20
蘇李與文學	子美	17～25
關於「牛臂」的答覆	陳成	17
中日文化關係之歷史的研究	李劍華	21～22
阿剌伯數字的起源	陳仲益	20
再談一次「牛臂」	孫景章	20
關於《希臘的藝術觀》的更正	彭基相	21
「牛臂春寒晚更添」	述之	24
太平天國福字碑記	簡又文	27
羅素的《心之分析》	彭基相	27
耶穌的革命精神（華德講演）	簡又文譯述	30～31
編纂國文講話的計劃	顧頡剛	30～31
		1925 年 6 月
大學生心目中的問題	張欽士	1
中等學校國文教學之商榷	王森然	1～2
婦女與勞動（須萊納爾女士著）	天廬譯	3
上海空前大殘殺	東璧	4
燕大與反帝國主義運動	焦菊隱	4
俄印兩國思潮對於東亞將來的發展之影響之比較的研究	簡又文譯述	5

篇　　　目	作　者	發表日期
此後的中國	伏園	7
反帝國主義以後	荊有麟	7
我們第一件要做的事	常燕生	7
三個方法	王蓮友	7
我們應該怎麼樣？	ＳＪ	7
清末思想界狀況的再現	伏園	22
第三文化之建設	申府	22
咱們自己站起	平伯	22
暑假中的學生生活	伏園	27
知識階級之將來（華德講演）	簡又文譯	27
跋西安新發見天主正道碑略解	陳垣	27
感染腸傷寒之經過	余幼塵	27
妙峰山進香專號四		6
請讀者在百忙中再讀我們的妙峰山專號	伏園	6
妙峰山的香會	顧頡剛	6
妙峰山漫遊	俞宗傑	6
上海慘劇特刊一（清華學生會主撰）		8
引言	伏園	
本刊的緣起及使命	王造時	
一個對於外捕槍殺華人的切實辦法	莊澤宣	
駁蠻不講理的第一次「使團覆牒」	王造時	
怎樣援助滬案	陶葆楷	
國民應有之覺悟	慘	
同胞快醒	沛東孟	
洋官（獨幕劇）	賀自昭	
我親眼所見之上海英捕虐殺華人	胡家枚	
上海英日人八次慘殺我國同胞始末	蔭麟	
上海慘劇特刊二		9
再駁蠻不講理的第二次「使團覆牒」	王造時	
告全國智識階級	張蔭麟	
上海租界史略	史國綱	
上海華界不應罷市	王士倬	

篇　　　目	作　　者	發表日期
排英日與排外	耕三	
收回領事裁判權	冕	
什麼是不平等條約	仕俊	
上海慘劇特刊三		10
新國家主義 —— 救國良藥	王造時	
知識階級應當怎樣救國	張蔭麟	
此次慘劇的根本禍原	石佐	
不合作運動	羅懋德	
如何打倒英日經濟侵略政策	何義均	
商人應如何去做愛國運動	林毓德	
忠告中國軍人 —— 軍人對於滬案的責任	柳	
上海慘劇特刊四		11
新國家主義 —— 救國良藥	王造時	
熱度如何方能持久？	張敷榮	
緊急籌款辦法之建議	魏建功	
認清題目	陳銓	
如何能使中國人不爲英日人服務？	朱馭歐	
再論收回領事裁判權	羅懋德	
上海慘劇第一二三四日死傷簡明統計表	實	
上海慘劇特刊五		12
上海的亂子是怎麼鬧起來的？	顧頡剛	
傷心歌	顧頡剛	
對於滬案的意見	馬君武	
新國家主義 —— 救國良藥	王造時	
同胞快起來組織罷業救濟會	文運	12
告國人	痛	
什麼是帝國主義？	羅懋德	
罷課期內學生應做的事	懿吾	
難道不管麼？	吳鋮	
一個上海大學學生親嘗此次慘劇的報告	德馨	
上海慘劇特刊六		13
援助滬案反抗英日的根本條件	王造時	

篇　　目	作　者	發表日期
上海慘劇（劇本）第一幕	何一公	
組織募捐團	崔龍光	
罷工持久的方法	作	
新國家主義——救國良藥	王造時	
救國談片	伏園	
上海慘劇特刊七		14
中英日之經濟的關係	馬寅初	
暑假中如何運動	平山	
新國家主義——救國良藥	王造時	
英日侵略我國的過去	羅懋德	
上海慘劇（劇本）第二幕	一公	
上海慘劇特刊八		15
民眾運動的四要素	羅懋德	
上海慘劇（劇本）第三幕	何一公	
心聲社的宣言與建議	黎錦暉	
北大教授爲上海慘劇宣言（英文稿）	王世杰	
上海慘劇特刊九		16
滬案的根本解決	普文	
新國家主義——救國良藥	王造時	
募捐救濟失業工人的根本辦法	董亨	
不供給英日原料	石佐	
對於上海慘事之實際辦法	李蔚潭	
中華老人	桂生	
遊行之後	陳銓	
一個大廈學生被難後的報告	杏村	
上海慘劇特刊十		17
援助滬案反抗英日的根本條件	王造時	
新國家主義——救國良藥	王造時	
對使團六代表之希望	忍	
我們現在應取的步驟	張銳	
愛國運動亟宜注意的幾點	重威	
政府應即派兵入英日租界保護中國國民	直民	

篇　　　目	作　者	發表日期
國際侵略者的危機	羅懋德	
論三罷	微塵	
北大教授致羅馬教皇原電		
上海慘劇特刊十一		19
怎樣對英日兩國實行經濟絕交	董承顯	
群眾運動裏面缺少的兩種人	東阜	
從滬案運動裏表現出來的中國國民性及今後應取之態度	陳銓	
更進一步的救國運動	蔭	
我們能做的一點	群	
抵制仇貨的實施	彭一賓	
對付英日最當注意的	張敷榮	
上海慘劇特刊十二		24
從滬漢慘案所得的教訓	作章	
這次救國運動中最可樂觀的幾點	敷榮	
解決宣戰與否之參考	普文	
我們遊行示威當注意的幾件事	董承顯	
談作戰的步驟	陳銓	
我們應當派人到內地去宣傳	椿齡	
經濟絕交的治本辦法	羅德輝	
望同胞堅持到底	劉作衡	
英日貨品的商標	振武	
滬漢後援專刊一（北大學生會主撰）		18
西太平洋國際形勢與滬漢各案外交之將來	張榮福	
敬告教育當局及全國青年	原孝友	
請政府向英使提出最後通牒	楊劼弦	
國外宣傳之重要	胡勤業	
傷心慘目的實在情形	文偉	
滬案感言	李振時	
滬漢後援專刊二		20
對於上海事件之感言	凱明	

篇　　目	作　者	發表日期
政府宜即日設立中英交涉委員會	楊劼弦	
怪哉梁啓超	張榮福	
一息尚存一息不懈	平伯	
北京大學校警校役上海罷工同胞後援會宣言		
北大教授上段執政書英譯	林玉堂	
滬漢後援專刊三		23
領事裁判權撤廢運動的經過和我們今後應取的步驟	葛揚煥	
反對帝國主義與排外	黃文弼	
國際工人爲滬案向中國國民的宣言	尚素譯	
雜感四則	顯運	
文明與野蠻	經義	
愛國文學的提倡	張陳卿	
滬漢後援專刊四		25
關於滬案的幾條意見	孫景章	
喚醒民眾唯一的辦法 —— 宣傳	王嗣順	
抵制仇貨（獨幕劇）	俠客　漱林	
甘願亡國滅種之梁啓超等的宣言	戴電原	
講演傳習所	乞明	
說幾件小事	舒新城	
滬漢後援專刊五		30
滬案談判之程序及其應提之條件的商榷	張榮福	
中英關係之一瞥	林天樞	
讀平伯致伏園的通信以後	段思召	
一個小學生的愛國熱忱	滕國華	
英日貨品的商標	振武	
救國特刊一（救國團主撰）		21
發刊詞		
救國團成立宣言		
救國團緊要宣言		
吾人救國之旨趣	周倫超	
梁啓超先生的大論	李璞	

篇　　　目	作　者	發表日期
救國碎談	樂水	
上海的租界	無悔	
英日貨品的商標	振武	
救國特刊二		28
救國的根本方法	王施眞	
我們需認清敵人	競之	
忠告回籍的學生	陳質	
救國碎談	樂水	
帝國主義與中國	尚素	
鴉片戰爭	無悔	
反抗英日強權專刊一（女師大附中學生會主撰）		29
宣言	羅素妤	
主張與英絕交	呂其光	
思痛	蕭會極	
五四運動之功過	益噤	
滬案聲中之我見	趙奇	
英日貨品的商標	振武	
		1925 年 7 月
滬漢事變之交涉方法	戴修駿	1
PRATAP 重來中國	伏園	1
美國著名女詩人羅艾爾逝世	聞一多	1
革命的基督教（華德演講）	簡又文譯述	1
滬漢後援專刊六		2
中英關係與經濟絕交	葛揚煥	
第二步戰略	陳忠範	
一個用力少而收效大的國外宣傳方法	孫景章	
未來派戲劇 —— 請願	孫景章	
英日貨品的商標	振武	
胡適論書後	節日	3
中國人與日本人之革命思想	李劍華	3
中國虛字變遷考	劉澤民	3

篇　　　目	作　者	發表日期
投函（並附件）	李裕增	3
救國特刊三（救國團主撰）		5
救國團對於廣州事件之宣言		
我國還不應該對英宣戰麼？	陳質	
國民還不起來嚴重督責政府辦外交嗎？	王施眞	
阿富汗怎樣爭得獨立（講演稿）	PRATAP	
文件：不平等條約之一——江寧條約	無悔	
救國團團務紀要（中縫）		
談道爾頓制	舒新城	6～8
中國人之政治思想	李劍華	6
俄印兩國思潮對於東亞將來的發展之影響之比較的研究	簡又文譯述	6～9
日本人之支那覺醒論	BU	6
滬漢後援專刊七（北大學生會主撰）		7
我國對滬漢各案所應探之手段	胡寶琭	
不應打湯先生的門	趙雄	
對付英國之我見	許炳漢	
國民當自己覺悟	裴文中	
抵制仇貨（獨幕劇）（二）	俠客　漱林	
英日貨品的商標	振武	
梁山伯與祝英臺的傳說	符業祺	8
朱元璋少年時代的故事	許黛心	9
一九二四年丹麥之文學	畢樹棠	10
從歷史上研究哲學是什麼	歷陽	10～12
勿拉馬以容死了——法國大天文家享年八十三歲	孫福熙	11
兄弟十個扛金鐘	俞念遠	11
救國特刊四		13
救國團爲連江縣案緊急宣言		
勞意喬治的言論	溫長發	
我們應當繼續接濟失業的工人	無悔	
如何用宣傳功夫	周倫超	
此時猶作歸家之想乎	林華鈞	

篇 目	作 者	發表日期
救國碎談	樂水	
中國和印度聯合起來做這種神聖的事業（Singh 講）	尚素譯	
救國團團務紀要		
恭祝法蘭西的國慶	孫福熙	14
現代法蘭西小說的派別	段易	14
鐵血特刊三		15
我們的聯合戰線	姜華	
闡明主張鐵血救國的眞義	王宗璠	
中國的危機	武旭如	
怎樣救國	徐秀之女士	15
軍人呵！你們那兒去了？	盧之維	
本團執行委員會對全國智識階級宣言		
甘地	蕭下譯	16
妙峰山進香專號五		17
妙峰山的香會	顧頡剛	
「仲豁」二字是不是這樣解釋	新城	
顧頡剛啓示	顧頡剛	
革命的基督教（華德演講）	簡又文	18～24
大戰爭給與藝術上的影響	魯少飛	18
救國特刊五		19
救國團爲滬漢潯粵連江重慶各案緊要總宣言		
論打倒帝國主義	周倫超	
根本抵制之客談	無悔	
一個外交的策略	陳均	
日本二十一條要求 —— 不平等條約之一	尚素	
救國團團務紀要（中縫）		
十獅子演講的刊誤表		
論自由思想	彭基相	20
天花寺的傳說	王鑄	21
北大學生軍號一（北大學生會主撰）		22
北大學生軍	張榮福	

篇　　　目	作　者	發表日期
救亡要全國尊重理科！	李裕增	23～30
梁山伯與祝英臺（附祝英臺小傳）	劉大杰	24
關於「仲夥」	吳承仕	25
救國特刊六		26
怎麼還不對英宣戰？	胡廷玉	
忠告政府當局	周倫超	
焚燒劣貨和抵制劣貨	吳克禮	
在中國的外國人與其勢力	無悔	
治外法權與領事裁判權	尚素	
不平等條約之二 —— 天津條約	無悔	
救國團團務紀要（刊在中縫）		
迷信與研究	李裕增	27
趙匡胤的故事	俞琴述	27
北大學生軍號二		29
北大學生軍	張榮福	
羅隱的故事	許黛心	30
做詩的序次	汪靜之	31
		1925 年 8 月
人種的衝突是不可避免的嗎？（韋爾斯著）	戴錦雲譯	1
梁山伯與祝英臺	吳聯棟	1
救國特刊七		2
救國團為邢士廉查封四團體緊要宣言		2
努力救國運動者應盡的責任	周倫超	
我們為什麼不能戰鬥	無悔	
隨感錄	心柏	
租界的起源及其弊害	夏葵如	
海關上的西人	LM	
不平等條約之二 —— 天津條約（二）	無悔	
救國團團務紀要（刊在中縫）		
歡迎柏克赫斯特女士	劉炳黎	3
留學制度有改革之必要	楊雲竹	3
自由思想和官方的宣傳（羅素著）	余文偉譯	4～11

篇　　目	作　者	發表日期
黃巢的故事	李劍膓	4
道爾頓制的實際工作（柏克赫斯特女士講演）	競存筆記	5～6
道爾頓制之心理的根據（柏克赫斯特女士講演）	歷陽筆記	6～7
道爾頓制的原理（柏克赫斯特女士講演）	柏褚筆記	7～10
救國特刊八		9
篇首語		
再論打倒帝國主義	周倫超	
怎樣爭得「做人的資格與其程度」	蘇德煌	
收回上海會審公廨	尚素	
我們怎樣抵抗列強的侵略政策	林德懿	
中國人的中國	金滿成	
科學救國大鼓書（無悔附記）	北觀	
救國團團務紀要		
所以做皇帝的趙匡胤	姜華	10
希臘的國家觀（狄更生著）	彭基相譯	13～22
農人的歌訣——山東利津縣	崔漁汀	13
佛典之構成	仲儒	14
運河之蛙	谷鳳田	15
救國特刊九		16
篇首語		
救國團為南京英人慘殺華工宣言		
救國團反對重行調查滬案宣言		
英使館罷工的意義與價值及其善後問題	周倫超	
「英國公使館工人真不該罷工」！	樂水	
救國必須打倒賣國奴	政均	
打倒英國強盜	李璞	
在外國的中國人與其勢力	無悔	
科學救國大鼓書（續）	北觀	
救國團團務紀要		
佛典之流傳	仲儒	20
諸葛亮的故事	姜華	22
救國特刊十（每星期日出版）		23

篇　　　目	作　者	發表日期
篇首語		
救國團致蘇聯駐京大使加拉罕函		
國民外交芻言	周倫超	
救國之前	夏葵如	
國家主義與三民主義	素石	
救國的我見	恨吾	
「又開會哪？！」	冰川	
不平等條約之二 —— 天津條約（再續）		
救國團團務紀要（刊在中縫）		
國家主義觀	曾曉瀾	25～29
妙峰山進香專號六		27
北大風俗調查會妙峰山進香專號書後	江紹原	
遊妙峰山雜記	顧頡剛	
妙峰山娘娘廟殿宇略圖	顧頡剛	
天津的妙峰山進香情形	王文光	
妙峰山的傳說	俞琴	
「虔誠」與「前程」	伏園	
訊章	累	28
陀思妥以夫斯基遺著發現	孫福熙	28
熱河籌賑北海遊藝大會的會目	顧頡剛	28
關於進香口號	白滌洲	29
救國特刊十一		30
篇首語		
我們的目標	無悔	
爲大通君一言 —— 帝國主義與國家主義 ——	周倫超	
政府應有之最後準備	輝訓	
救國碎談	樂水	
不平等條約之二 —— 天津條約		
救國團團務紀要（刊在中縫）		
		1925 年 9 月
中學教育（吳稚暉講演）	朱湘記	1
巴爾穆先生死難的眞像	錢星海	1

篇　　　目	作　者	發表日期
人文主義與自然主義在教育上之貢獻	劉炳藜	2～4
關於妙峰山研究的通信三封	顧頡剛	2
科舉議	健攻	3
情愛與美趣的社會 —— 《美的社會組織法》導言	張競生	4～11
社會的團體 —— 在教育心理學中的研究 ——	劉炳藜譯	5～24
救國特刊十二		6
篇首語		
黑暗勢力之衝破	華魂	
日俄「侵略滿蒙」設施的點滴	政均	
說軍隊宣傳	憂時	
救國碎談	樂水	
不平等條約之二 —— 天津條約	無悔	
救國團團務紀要（刊在中縫）		
祝世界和平會	荊有麟	8
關於妙峰研究的通信二則	崔漁汀　邢墨卿	8
實行救國之意見	王維周	9～11
青年與國故	汪震	10
數學的哲學	張崧年	10～12
救國特刊十三		13
篇首語		
救國團爲九月七日英兵在上海槍殺華工事致外交總長函		
永久的救國事業的眞實基礎	無悔	
救國與求學	伯群	
告今日中國之青年	華魂	
止水的下層（文學周報一八九期）	西諦	
不平等條約之三 —— 中法條約（天津條約之二）		
救國團團務紀要（刊在中縫）		
愛與美的信仰和崇拜 —— 《美的社會組織法》第二章	張競生	14～17
《數學的哲學》篇的校正	張崧年	14
希臘的國家觀（狄更生著）	彭基相譯	15～24

篇　　　目	作　者	發表日期
武裝了的列強	荊有麟	16
化學與人生	羅登義	18～25
農人的歌訣 —— 直隸博野縣 ——	蔣鴻年	19
救國特刊十四		20
篇首語		
上海商務印書館五卅增刊事件	無悔	
愛國運動和考試	范蘇	
救國運動中的故鄉奇聞	倫超	
飯後的感想	恨吾	
救國碎談	樂水	
祖國	文剛	
不平等條約之二 —— 中法條約（天津條約之二）		
中國財政之紊亂	馬寅初	21
中學生的眼光	伏園	24
美治政策 —— 美的社會組織法第三章 ——	張競生	26～30
救國特刊十五		27
篇首語		
努力救國運動者今後應有的實際工作	周倫超	
救國與工作	無悔	
愛國與便利	知止	
現在應該怎樣	郢	
救國團啓事		
救國團團務紀要（刊在中縫）		
對於編纂中國行爲論史之意見	王捷三	28～30
		1925 年 10 月
價值哲學	王捷三	1～22
女性美（法國 Mme le Dr.H.Gaboriau 原著）	季志仁譯	1～15
馬譯物種原始正誤並質馬先生	張文亮	4～31
救國特刊十六		5
篇首語		
止刊詞	無悔	
罪言	無悔	

篇　　　目	作　者	發表日期
我們應該灰心嗎？	樂水	
再論救國與工作	無悔	
吶喊後的悲哀	譚慕愚	
士大夫與奴性	郢	
無悔啓事	無悔	
美治政策 —— 美的社會組織法第三章 ——	張競生	8～31
京報副刊國慶特號		10
第一張		
賦得國慶	疑古玄同	
十四年前的印象	顧頡剛	
泣告名流	林玉堂	
生活 —— 時間 —— 思想的爭鬥力	王統照	
第二張		
美的國慶節	張競生	
雙十與教育家之宗教	汪震	
國慶日的吉祥話	毋忘	
國慶日的娛樂	余上沅	
對於今年國慶之感想	彭基相	
談國慶	學昭	
第三張		
日本與中國	周作人	
羅素近刊文	張崧年	
第四張		
憶亡兒	雪村	
一個節日	春臺	
第五張		
大畫家 Puvis de Chavannes	維嘉	
遊絲	張鳳舉	
國坑裏的國慶	健功	
中華民國是個大笑話	陳石孚	
慶的什麼？	宋介	
說什麼！	舒新城	

篇　　目	作　者	發表日期
賦得國慶	康龍	
蘇俄眞是中國的敵人嗎？	張榮福	12
我「很贊成」「甚至很愛」雙十節這個名詞	疑古	13
讀曆本	丙丁	13
學術應有的對象	徐炳昶演講	16
蘇俄仇友問題	蔣曉海	18
蘇俄的現狀	陳啓修演講	19
駁張奚若並告青年朋友	陳黃生	20
不通的話	胡曾三	20
論「我國欲修內政以圖強必須先與帝國主義者妥協」說之矛盾	張榮福	21
戲劇的意義及起源	余上沅	21
婦女之健康	李破曼	24
學者與教科書（伏園附按）	培良	24
爲蘇俄仇友問題告雙方	陳鍾琴	25
心的去向	北斗	26
盧騷的教育思想	劉炳藜	27～29
學者與通史	彤符	27
太平洋戰爭與中國	張榮福	28
無窮小的問題	徐克家	28
文化的基礎	尙鉞	29
近代教育思想序	余家菊	30
		1925 年 11 月
中國科學之過去與將來	張式銘	1
論無窮小的問題	汪奠基	1
到自然去	彭基相	3
全國國民應集中在國民革命旗幟之下	彭澈清	4
女性美（法國 Mme le Dr.H.Gaboriau 原著）	季志仁譯	4～17
紀念驅逐溥儀出宮週年專號		5
一年來故宮經過與工作之我觀	石曾	
十一月五日是咱們第二個光榮的節日	疑古玄同	
十一月五日的感想	徐旭生	

篇　　　　目	作　者	發表日期
驅逐溥儀的理由的證明	李玄伯	
卑微的話應伏園的策問	健攻	
插圖若干		
關稅自主與中國民族解放運動	陳啓修講演	6
讀了趙奉生的「駁陳黃生的謬論並告愛國青年」之後	安赤生	6
蘇俄的革命紀念	天盧	7
批判易卜生的娜拉	張文亮	7
自由貿易說與保護貿易說之比較觀	周倫超	8～9
蘇聯革命紀念中的列寧	賀凱	10
法國現代的批評家（輯譯）	季志仁	11
給青年文學家的商量話（波特萊爾著）	伏寐著	12
科學的心理學是不是專講刺激和反應？	余文偉	13
世界上最老的女詩人	季志仁	14
中學校的幾個問題	李小峰講演	14
致趙景深君論徐文長故事	鍾敬文	14
外在關係論	余文偉	15
所謂先進國文明國尚無初步的自由之又一實例	余文偉	18
求眞理（F.J.Gould 著）	李繼宣譯	18～22
仇俄與反共產者的面面觀 —— 駁張慰慈氏 ——	劉侃元	19～24
與黃建中先生論西洋最近哲學趨勢	余文偉	21
近世勞動運動之意義及趨勢	賀凱	22～24
地文主義	畢樹棠	22
法國學院的新會員	孫福熙	24
今日歐洲教育的概觀與趨勢	劉炳藜	26～28
蘇俄問題還要討論嗎？	有麟	26
工業化學家論（美國摩爾著）上	俞宗傑譯	29
工業化學家雜論（美國摩爾著）下	俞宗傑譯	30
二閘與公主墳專號		1925 年 12 月 4
引言	焦菊隱	
二閘與公主墳	於成澤	
紀遊	步虛女士	

篇　　目	作　者	發表日期
公主墳的幸運	姜公偉	
公主墳畔	于賡虞	
在墓前	劉廷蔚	
我躑躅在公主墳旁	許超遠	
伏園附啓		
無窮小與丁西林	張崧年	7
答鍾敬文先生	趙景深	9
蘇俄工業的進步	養和	13
答張崧年先生	丁西林	15
「無謂的廢話」？	張崧年	19
系統心理學的牢固的問題	劉炳藜	20～31
異哉關稅法權會議美國全權代表司注恩氏之演辭	卿汝楫	21
無窮小問題及其他	文生	21
土耳其的革命	陳翰笙演講	22
n 的程度究竟怎樣？	徐克家	22
鬧一個玩意兒瞧瞧	敬仔	22
無窮小問題請從此結束	南臺	23
雲南起義與基督誕辰專號		25
雲南起義的意義	伏園	
咒「聖誕節」	張天廬	
耶穌的主張	張欽士	
聖誕節前	空了	
基督誕日論基督教	伏園	
美國之青年運動（韓德講演）	陳肇文譯	26
從無窮小到無窮大	張申府	26
邏輯的性質	余文偉	28
世界語與瓦浪斯基	有麟	28
倫理學概論自敘	江問漁	28
思想革命	董秋芳	29
清華園之菊專號		30
清華園之菊	孫福熙	
		1926 年 1 月

篇　　目	作　者	發表日期
徵求新中國之柱石十人	伏園	4
十九世紀的法蘭西文學	全飛	4～7
韓德先生的演講	伏園	4
介紹一個大問題 —— 男女關係	張競生	5
再說幾句「沒有仔細研究」的話	余文偉	5
愛情與物性	俞宗傑	7～8
理性的分析	梁佩衰	9～10
三三制與四二制 —— 答汪懋祖先生 ——	彭基相	10
無窮小在數學上不同的概念	汪奠基	12
馬爾丁群眾的行為一書的介紹與批評	容肇祖	14～17
裝死	非非	15
行政委員制與中國	高一涵演講	16
用畫筆以代刀劍	壽明齋	19
考古學家的長逝	李宗武	19
哈曼亨特評傳	李樸園譯	20～27
華眞與本能	慕陽	20
列寧遺像（插圖）		21
紀念列寧	曲秋	21
反帝國主義與反基督教	蔣曉海	22
對於新藥的我見	徐益甫	24
向讀者討個教（伏園附白）	趙天則	24
開發西北與化學工業	俞宗傑	25～27
表情的工具與方法	余上沅	26
光榮之路 —— 羅丹的《美術》……代序 ——	韓敖	27
消毒	徐潛庵	28
羅丹的生平 —— 苦戰	韓敖	28～31
教育與教育家	汪震	28
北京東嶽廟和蘇州東嶽廟的官司的比較	顧頡剛	29
農業與工業	向龍雲	29
		1926 年 2 月
佛瑟爾大老爺	孫福熙	1
勞動的藝術化與藝術的勞動化	彭學沛譯	1～2

篇　　　目	作　者	發表日期
邏輯與近代哲學的趨向	汪奠基	1
嬰孩同情心的發見	張雪門	1～27
一個寒假的最好消遣法 —— 代「優種社」同人啓事	張競生	2
老克里蒙梭的近況	彭學沛	3
五十年來日本侵略中國之七階段	李宗武	4
羅丹的生平 —— 苦戰	韓敖	5～28
論初中國文教學法	彭基相	8～10
文學會底性質（麥修斯著）	探眞譯	8～9
對於「一個寒假的最好消遣法」的疑點和妄度	江波	8
江波先生！	張競生	8
改進平民中學的計劃	張雲濤	9～11
畫餅充饑的新年多吉慶	孫福熙	10
感想斷片	彭學沛	19
摩爾對於詹姆士實驗主義的批評	彭基相	21～22
與鄰邦之友（譯日本中央公論）	陸鼎蕃	22
徵求「性史」的討論（行者、金滿成、張競生通信）		22
再論思想革命	董秋芳	23
從產業專制主義到產業立憲主義	彭學沛	23
感想斷片	彭學沛	25
農業與工業	彭重民	28
		1926 年 3 月
古音學上的大辯論	魏建功	1～8
在中國的洋商（馬寅初講演）	董秋芳譯	6
馬寅初先生致北京日報及北京導報記者的信	馬寅初	6
對於徵求性史的憂慮	白蘋	7
答白蘋先生	張競生	7
國際婦女節論中國婦女	學昭	8
感想斷片	彭學沛	8
羅丹的作品 —— 殘碎	韓敖	9～27
讀馬寅初博士和佛萊瑟君辯論	彭學沛	9
互惠條約也是日人的把戲	田連渠	9
論兼容並收歡迎蔡子民先生回國	孫福熙	10

篇　　目	作　者	發表日期
孫中山先生逝世週年紀念專號		12
中山主義與現在的中國	伏園	
橙色的中山主義	俞宗傑	
中山主義永遠存在	西西	
孫中山先生週年紀念歌（記者按）	高魯	
攝影：		
孫中山先生遺像		
民六任大元帥時之孫中山先生		
		1926 年 4 月
法國與中國	孫福熙	1
馬文論哲學的性質	余文偉	1～3
廉南湖屈文六書函往復	英連	2
談談中國文學的趨勢——並談及梁實秋先生的大文	金滿成	3
世界及中國之軍備問題	周亞衛	4
讀法國黎朋著革命心理	立達	7
羅素論二十世紀的哲學	彭基相	8～14
民國以來日本挑撥我國內亂之手段	李宗武	12
英國工黨工聯和華僑工團攜手	童冠賢	13
孫文主義學會	周一志　王崑崙	13～14
改良公園中所用的肥料	李駒	14
一百五十歲的帝國主義國家和十五歲的次殖民地國家今昔與將來之衝突	王季高	15
讀了《新中國的女子》以後	松雪	15
飛機和炸彈的常識談	毛士賢	16
歡迎邁朗氏	彭浩徐	17
新舊思想雜談	董秋芳	19
介紹邁朗	陳寶鍔	20
希臘的個人觀（狄更生作）	彭基相譯	20～23
強者的宣言	樸烈	23
關於思想革命的一封信	彭珍	23
答彭珍先生	董秋芳	23
文化運動——藝術運動——科學運動	李鴻明	24

篇　　　目	作　　者	發表日期
學生應有的精神	陶行知	24

後 記

想不到，我的博士畢業論文的出版，已經是在畢業的八年之後了。

說起論文的選題，其實來源於我的博士導師 —— 沈衛威先生。不記得哪次與他閒談的時候，他偶然提到四大副刊之一的《京報副刊》還沒有人做過博士論文，我就有點想法了，畢竟，做點與別人不一樣的總是有點成就感。其實當時對怎麼做副刊研究，完全沒有任何經驗。初生牛犢不怕虎，就這樣開始了。

論文的寫作，從 2005 年 11 月下旬開始動筆，直到 2006 年 3 月 17 日打印初稿，應該說是比較順利的。由於南大《京報副刊》合訂本並不完全，所以委託當時在北京的姐姐在國圖複印了一部分，又託人在復旦拍了一部分照片。論文的寫作時間也恰恰是南京最陰冷的冬季，宿舍是無法寫作的，所以一大早就起床去圖書館占位，占位與反占位的鬥爭從來未曾停止。抱著一尺多高泛黃的老舊雜誌從昏暗的民國期刊特藏室出來，管理員都瞪大眼睛問，「這麼多你能看的了啊？」我能。

寫作期間，脖子腫了一次，腰痛若干次，椅子都壞了丟掉，吃了很多次漢口路上美味的炒拉麵和地鍋鯰魚。現在想想，那個寫作週期裏都是讓人溫暖的回憶。那年過年回去看望曾華鵬老師的時候，坐在他家客廳略顯陳舊的雙人沙發上，他一直握著我的手鼓勵我，他說這樣的史料研究很重要，他自己以前也經常成本的翻閱民國重要報紙，獲益良多。曾老師的鼓勵和諄諄教誨也是我研究動力來源之一。2013 年初，我在哈佛訪學的時候卻收到了曾老師去世的噩耗，希望他在天國安息，這本論文的完成是有他的功勞的。

謝謝我的博士導師 —— 沈衛威老師對我的教育，他的博學與敏銳讓我獲

益頗多，如果沒有沈老師的指導，是不可能有這本論文的，我也不會這樣順利找到適合自己的研究方向；謝謝丁帆老師、王彬彬老師、李靜師姐等師長對我始終如一的關心與幫助；謝謝論文答辯組主席陳思和老師以及答辯組成員張富貴等老師對我論文的肯定，讓我覺得自己還能做出點有價值的東西，「讓生命開花」；謝謝我的朋友們，尤其是要感謝史建國和何同彬爲我校讀論文並提出意見；謝謝臺灣花木蘭文化出版社、楊嘉樂女士和叢書主編李怡先生，你們的追求、抱負和專業精神讓人印象深刻。

謝謝我的父母、家人，沒有語言能表達我對你們的愛。